KB166331

1923년생 조선인 최영우

1923년생 조선인 최영우

남방의 포로감시원, 5년의 기록

최양현·최영우 지음

효형출판

스무 살 무렵의 최영우

불행의 현실들 속에서도
생은 늘 자유와 기쁨의 빛으로 빛난다.

김진영, 『아침의 피아노』 중에서

평범했던 스무 살 청년

그리운 이름, 최영우. 나의 외할아버지.

월드컵으로 온 나라가 들썩이던 2002년, 다들 그 해를 흥분과 기쁨의 해로 기억하겠지만 우리 가족은 도리어 슬픔 속에 있었다. 발이 천천히 썩어 들어가는 버거병이라는 희귀병을 앓던 외할아버지가 끝내 돌아가셨기 때문이다. 외할아버지는 생전에 외삼촌과 일산의 아파트에서 사셨다. 외삼촌이 워낙 사람들을 좋아해 집이 늘 붐볐지만, 외할아버지가 돌아가신 후 한동안 집 안을 메운 것은 적막이었다.

세월은 속절없이 흘러 20년이 지났고, 외할아버지의 이름도 점점 희미해져 갔다. 나에게도 가족들에게도 말이다. 당시 20대 초반의 대학생이었던 그의 외손자, 즉 나는 어느덧 40대의 중년이 되었고 결혼 후 어린 딸을 둔 가장이 되었다.

한동안, 아니 잠시 잊고 있었던 외할아버지의 이름이 내게 다시 소환된 시기는 최근이다. 그가 생전에 200자 원고지를 붙잡고 뭔가를 끼적이던 모습을 본 적이 있다. 당시에는 그가 무엇을 하고 있는 것인지 큰 관심을 갖지 않았다. 어떤 메모든, 아니면 어딘가에 제출할 목적의 문서든 그가 무엇인가를 기록하는 모습들을 많이 보아 왔던 터라 원고지에 무엇을 쓰고 있는 모습이 그리 낯설지 않았기 때문이다.

　원고지 속 내용을 비로소 알게 된 것은 2012년. 그의 육필 원고는 '가족 중 네가 그나마 글 쓰는 일과 밀접한 직업을 가지고 있으니 언젠가 쓸모가 있겠지.'라는 가족들의 의견에 따라 내가 보관하고 있었다. 당시 나는 영상 프로덕션을 창업한 후 영화, 다큐멘터리 등을 기획하며 소재가 될 글감들을 닥치는 대로 읽고 있었다. 그의 원고 뭉치가 쌓인 보자기를 우연히 본 순간, 나는 갑자기 낡고 바랜 원고지 속 내용이 무엇인지 알고 싶은 강렬한 충동에 휩싸였다.

　원고지 첫 장을 읽던 순간의 전율은 지금도 잊지 못한다. 더 이상 세상에 존재하지 않는 이가 남긴 글을 읽는다는 것. 일본 영화 〈러브레터〉에서 죽은 후지이 이츠키의 행적을 찾아 헤매는 히로코가 되었다고나 할까. 원고지 한 장 한 장을 조심스레 들추고 그가 발산한 단어들을 훑어 내려가며 스무 살 젊은이 최영우의 뒤를 좇았다. 한글과 일본어, 말레이어가 뒤범벅된 원고지의 내용이 한눈에 쉽게 들어오진 않았다. 글을 흘려 쓰신 탓에 글자 자체를 파악하는 데만 몇 날 며칠이 걸리기도 했다. 그러기를 한 달쯤, 원고지 마지막 장을 덮는 순간 머릿속에서는 놀라움과 탄식이 교차되었다. 원고지에는 일제 강점기 동남아시아에서 일본군 소속 포로감시원, 이른바 군속(軍屬)으로 태평양 전쟁에 참전했던 그의 젊은 시절이 매우 자세하게 적혀 있었기 때문이다.

한 차례 완독을 했지만, 글을 완전히 이해했다고 보긴 어려웠다. '포로감시원'에 대한 이해도 부족했고 당시 시대 배경에 관한 지식도 없었기 때문이다. 결국 약 10년에 걸쳐 천천히 관련 논문과 연구서를 읽으며, 전문가를 만나 이야기를 듣고 일본어까지 공부하면서 그가 남긴 글의 전체적인 맥락을 해독하기 위해 무리하지 않고 조금씩 전진하였다.

외할아버지의 청년 시절에 대해 조금 더 알아보고자 그와 가장 많은 시간을 공유한 외삼촌을 찾아갔다. 나는 외삼촌이 펼친 사진첩을 천천히 들여다보며 오랜만에 그의 얼굴을 마주했다. 낡고 바랜 사진들은 기억을 다시 꺼내 들추는 촉매 역할을 했다. 내가 어렸을 적부터 그가 임종을 맞이하기 전까지, 함께했던 수많은 순간들이 삽화처럼 지나갔다.

어린 시절의 나에게 그는 두 가지 상반된 이미지가 겹친 인물이었다. 하나는 보통 사람들보다 생각이 많이 앞서 있었다는 것이다. 물론 그는 당시로서는 매우 드물게 대학까지 다닌 고학력자이자 초등학교 교사 생활까지 한 지식인이었기 때문에 복잡한 세상사를 해석하고 읽을 수 있는 눈이 있었을 것이다. 하지만 그가 다른 보통의 사람들과 생각이 다르다고 느낀 순간이 여러 번 있었다.

그는 앞으로 컴퓨터의 시대가 도래할 거라며 어린 나에게 첫 컴퓨터를 사 준 사람이다. 재테크에 별 관심이 없던 외삼촌에게 청약을 권해 일산 신도시의 아파트를 당첨시킨 이 역시 그였다. 그는 농약을 손쉽게 뿌릴 수 있는 도구, 물을 쉽게 길어 올릴 수 있는 펌프 같은 기계를 발명해서 직접 특허 출원서를 끼적이기도 했다. 현재보다는 미래에 대해 자주 이야기했으며, 지금 쓰고 있는 물건과 장치를 어떻게 보완하고 개선해야 하는지 늘 고민하던 사람이다.

내게 각인된 나머지 표상은 좋게 말하면 선비, 나쁘게 말하면 다소 수동적이고 소극적인 샌님이었다. 어린 시절, 서울에 있던 외갓집에 올라가면 가끔 그와 외삼촌이 언쟁을 하는 것을 들을 수 있었다. 그 내용은 정확하게 기억나지 않는다. 지금도 여전하지만 당시에도 외삼촌은 활발하고 호탕한, 매우 외향적인 사람이었다. 외삼촌은 자신의 이야기에 못 미더운 표정을 지은 채 반대하거나 어떤 제안에도 회의감을 드러내는 아버지를 다소 못마땅해하는 것 같았다. 젊고 혈기 왕성했던 이십 대의 외삼촌은 매사에 도전하며 새로운 것을 경험하고자 했다. 반대로 그는 되도록이면 외삼촌의 행동을 만류했고, 그 도전에 의심을 품었다.

마른 몸집과 비례해 다소 앙상해 보이는 다리를 가지런히 몸 쪽으로 웅크리고 앉아 외삼촌의 이야기에 종종 못마땅한 표정을 짓곤 하던 그가 기억난다. 춘향골 남원의 유명한 양반가 후손이라 그랬던 것일까? 그는 사람들에게 점잖고 예의 바른 선비로 비쳤고 실제로도 그랬다. 나에게는 늘 뭔가를 가르쳐 주고 나눠 주시던 자상하고 따뜻한 외할아버지였다. 하지만 1980년대 중반 이촌향도 붐과 경제 성장기 속에서 서울 한복판에 자리잡고 수완을 발휘해 돈을 벌거나 치열하게 경쟁하며 살아가기에는 그의 기질이 모자랐다. 과거와 미래를 사색하는 것에 익숙한 사람인 그는 남들과 지지고 볶으며 살아가는 데 필요한 매사에는 머뭇거렸다.

그런데 최근, 친척들에게서 외할아버지에 대한 이야기를 수집하다가 고모할머니로부터 그의 젊은 시절 이야기를 듣고 망치로 머리를 한 대 얻어맞은 듯한 충격을 받았다. 포로감시원으로 참전하기 전 청년 시절의 외할아버지는 또래들이 따르는 골목대장이자 매우 활발하고 적극적인 사람이었다는 것이다. 마치 20여 년 전 서울 외갓집에서 그와 가끔 티격태격하던 외삼촌처럼 말이다.

고모할머니의 이야기가 정말 사실일까? 만약 그렇다면 그는 왜 그렇게 성격이 급변했을까? 패기 넘치던 젊은이가 왜 행동을 주저하는 소극적인 노인이 되었을까? 원고를 다시 읽자 후반부로 갈수록 미세하게 흔들리며 바뀌어 가는 그의 내면이 조금씩 보이면서 궁금증이 하나씩 풀려 갔다.

앞으로 전개할 이야기는 그가 포로감시원 시절을 기록한 친필 원고, 그리고 남은 가족과 주변인의 증언을 통해 그를 재구성한 내용이다. 이 글을 세상에 내보내야겠다고 마음먹은 지 어느덧 10여 년이 지났다. 이 원고가 책으로 탄생하기까지 많은 분이 수고해 주었다. 알아보기 힘든 필기체와 일본어, 한자가 뒤섞인 산만한 원고를 깔끔하게 한글로 옮겨 준 이는 다큐멘터리 제작자로 활약 중인 김보람 감독과 중앙대 국문과 공현진 박사다. 조선인 포로감시원과 관련해 많은 연구를 진행한 일본의 역사학자 우쓰미 아이코 교수의 연구들은 외할아버지 행적의 퍼즐을 푸는 데 결정적인 정보를 주었다. 포로감시원으로 근무했던 부친의 기록을 잘 보존한 충청대 안용근 교수님도 관련 자료를 흔쾌히 제공해 도움을 주셨다. 혈육인 외삼촌과 어머니, 이모, 고모할머니도 외할아버지에 대한 이야기를 상세히 들려주었다. 더불어 당시를 기록하고 연구한 논문, 책, 다큐멘터리 영상 자료를 두루 살폈다. 원고의 첫 독자로 여러 조언을 준 아내도 든든한 응원자였다.

이 글은 우리가 익히 알고 있는 일제 강점기의 유명한 문인이나 정치인의 유고는 아니다. 하지만 역사라는 것이 신원이 검증된 유명인들이 만들어 낸 총체적 결과물만은 아닐 것이다. 나는 이 책을 읽는 이들이 격동의 시기를 겪어 낸 평범했던 스무 살 청년과 동행하기를 바란다. 포로감시원이라는 직업을 선택했기에 역사의 파고에 몸을 담글 수밖에 없었고, 그 물결의 압도적인 위력 끝자락에 애처롭게 흔들리는 조각배 같았던 그의 내면이 여기 기록되어 있다. 그의 감정과 심리를 들여다보는 여정을 통해 당시를 살았던 수많은 무명인들이 일제 강점기라는 시대를 어떻게 느끼고 바라보았는지에 대해 관심을 가져 준다면 더 바랄 나위가 없겠다.

2022년 2월
최양현

每日新報

거듭되는 半島靑年의 光榮

軍屬으로 數千名 採用

各地의 米英人 俘虜를 監視指導

情報課發表

一死殉國을 强調

南總督靑年學徒에의 所屬明示

1942년 5월, 군속 지원

《매일신보》에 군속 채용 선전 기사가 실렸다.
지원 자격은 일본어 사용 가능자,
보통학교 졸업 이상의 학력이란다.
집안의 기둥인 형님과 어린 아우들을
전장으로 보낼 수는 없다.
급여도 많이 주고 2년 근무 만기라는데,
우리 집안을 대표해 내가 다녀오는 것이 맞겠다.

노구치 부대에서의 훈련

노구치 부대에 도착했다.
군속의 신분은 군인이 아닌 군무원이라 들었는데,
이곳에서 2개월간 사격과 총검술 같은
군사 훈련을 받아야 한다.
분위기를 보아하니 일본군은 우리를
말단 병사로 취급하는 것 같다.

경유지 싱가포르

부산에서 출발한 지 얼마나 지났을까.
끝없는 항해 끝에 드디어 육지를 밟았다.
소남도(싱가포르)는 아름다운 항구 도시다.
일본이 전쟁을 일으키지 않았다면
참 평화로운 곳이었을 텐데….
그러나 이곳은 최종 목적지가 아니다.
동료들의 3분의 1 정도만 내려놓고,
우리들은 다시 큰 배로 옮겨 타고 자바 섬으로 향한다.

협궤 열차를 타고 말랑으로

드디어 자바 섬의 자카르타에 도착했다.

그러나 나의 목적지는 이곳도 아니다.

좁은 철로를 지나는 열차를 타고 또다시 이동했다.

석탄 대신 장작을 때서인지 매연이 몹시 심하다.

창밖으로 얼굴을 내밀고 한참을 구경했더니

매연을 맡은 콧구멍이 새카매졌다.

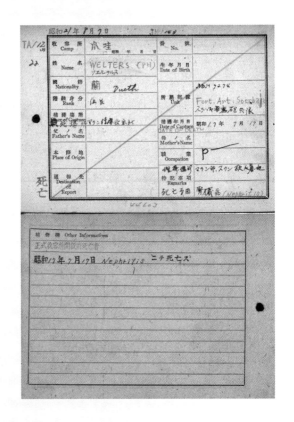

말랑 포로수용소 근무

드디어 내가 근무할 말랑의 제 5 분건소에 도착했다.

포로들을 보아하니 먹을 것이 부족한지 몸이 비쩍 말랐다.

이미 죽어 나간 이들도 꽤 되는지

간혹 몇몇 포로들의 사망 증명서도 보인다.

저들은 무슨 생각을 하고 있을까.

이곳에서 살아 나갈 방도를 찾고 있을까.

휴일의 말랑 거리 구경

휴일이라 분견소를 벗어나 거리 구경에 나섰다.
이곳은 일찍부터 네덜란드 식민지였기 때문인지
전에 본 적 없는 이국적인 풍경을 하고 있었다.
처음 보는 나무들과 서양식 저택들이 거리에 즐비하다.

푸르워다디 식물원의 일과

네덜란드는 인도네시아에 여러 식물원을 지었다.
이곳의 열대 식물을 관찰하기 위해서일까.
어느 날 나와 동료는 식물원을 방문했다.
네덜란드인 식물학자 한 사람이 식물을 연구하고 있고,
현지 여인들이 잡초 뽑는 일을 하고 있다.
잘 보존되면 후대에는 관광지가 되지 않을까.

이국의 일본군 위안소

조선에서는 처녀 징용을 피하기 위해
조혼을 시킨다는 이야기까지 떠돌았다.
이곳에서는 군 부속 시설로 위안소를 짓고
조선인뿐만 아니라 남방의 수많은 여인들까지 동원했다.
이 광경을 처음 본 나는 아연실색할 수밖에 없었다.
그 처참함과 고통이 나에게까지 사무친다.

치뎅 억류소의 민간인들

전세가 불리한 모양이다.

말랑에서 철수해 자카르타에 도착했다.

이곳도 상황이 좋지 않은 것은 마찬가지다.

포로를 수용소에서 관리하는 것은 당연한 일이지만,

이제는 여성과 아이들까지 억류소로 몰아넣는다.

그간 누리던 작은 자유조차 잃은 저들이 안타깝다.

이것이 패잔 민족의 비애인가.

악랄한 소네 켄이치

이곳 치뎅 억류소의 소장은 소네 켄이치 대위다.
왜소하고 작은 고양이상의 그는 변덕이 많다.
특히 포로들에게 악독하게 구는 것이 천벌을 받을 놈이다.
때로 부하들에게 과찬을 하기도 하지만
우리 동료 중 하나는 그에게 봉변을 당했다.

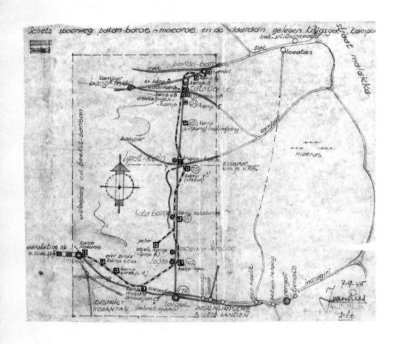

죽음의 노역, 페칸바루 철도

어느 날, 나는 포로들을 수마트라 섬으로
이동시키는 임무를 맡았다.
일본군은 그 포로들을 동원해 페칸바루 철도를 짓는다.
밥도 제대로 주지 않고 저렇게 일을 시켜서 될 일인가.
이미 수많은 포로들이 노역에 지쳐 쓰러졌다.
'죽음의 철도'가 있다면 저것이 아닐까.

대동아극장에서의 영화 관람

임무를 마치고 복귀하기 위해 배를 기다리던 도중,
대동아극장을 방문해 영화를 관람했다.
이곳은 그동안 본 건물 중 단연 높고 화려한 곳이다.
사람들에게 영화를 비롯해 유희와 오락 거리를 제공할 만하다.

하프캐스트 여인과의 만남

오랜 시간 네덜란드의 식민지라 그런지
이곳 인도네시아에는 혼혈인이 많다.
어느 날 포로들을 데리고 수용소 바깥으로
염소 먹일 풀을 뜯으러 갔다가 한 하프캐스트 여인을 만났다.
어쩐지 그녀와 가까운 사이가 될 것 같다.

일본의 항복, 그리고 포츠담 선언문 10항

1945년 8월 중순, 일본의 항복 소식이 들려온다.

그러나 일본의 항복 문서인 포츠담 선언의 마지막 조항에는

포로를 학대한 이들을 처벌할 것이라는 내용이 담겨 있다.

우리는 저들이 말하는 전쟁 범죄자인 것인가?

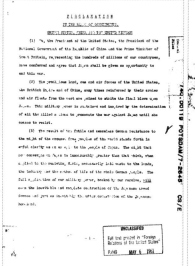

조선인 민회 결성

일본의 항복으로부터 일주일이 지났다.
무기를 반납하고 자유의 몸이 된 우리들은
'조선인 민회'라는 단체를 결성했다.
연합군과 처우를 잘 협상해
어서 고국으로 돌아가야 할 터인데….
우리의 처지는 어떻게 될 것인가.

인도네시아의 독립 전쟁

거리에서는 인도네시아의 독립군이 행진하고,

네덜란드군의 철수를 요구하는 글이 보인다.

전쟁이 끝나고 일본이 철수하자마자

다시 네덜란드인의 지배를 받는다니….

저들도 우리와 같은 피식민국의 비애가 있구나.

몇몇 동료들은 저들의 독립군에 합류하려는 듯하다.

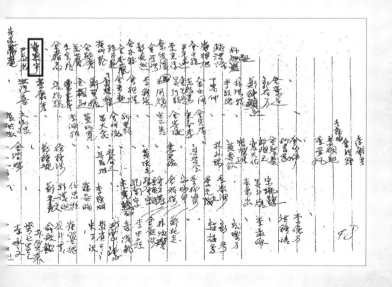

고통스러운 창이 형무소 생활

전에는 이곳에서 포로들을 감시하는 일을 맡았는데,
이제는 우리 조선인 포로감시원들이 이곳에 수감되었다.
이 무슨 운명의 장난이란 말인가.
이곳에서 우리에게 자유란 주어지지 않는다.

치피낭 형무소에서 노역

나를 비롯한 몇몇 동료들은
창이 형무소에서 치피낭 형무소로 옮겨졌다.
감방에서 감방으로 이동이지만 배식은 이곳이 조금 낫다.
이곳에서는 작업장이 있어 철공, 목공, 재봉 등의 일을 할 수 있다.
나는 체력을 많이 쓸 수가 없어 재봉부를 선택했다.

전범 재판소

감옥에서 하루하루 석방을 기다리고 있다.

물론, 석방되리라는 확신은 없다.

죽음과 석방 사이에서 매일 홀로 고뇌하는 것이다.

포로감시원으로 근무했던 지난날이 떠오른다.

우리가 포로들을 어떻게 대했었는가.

우리는 전범인가, 아닌가.

뚜렷한 결과도 발표되지 않는다.

나의 앞날은 어찌 될 것인지 한 치 앞도 알 수 없다.

NO.	RANK	NAME (JAPAN)	NAME (KOREAN)	AGE	UNIT	DESTINATION	NAME(IN JAPAN)
121	Senior employees	TSUNEYAMA Hokan	Lee Bo Hwan	26	P.O.W.	Chung Buk	常山寶煥
122	"	TOSHIKAWA Junchin	Su In Jin	26	"	Kyong Ki	利川仁鎭
123	"	TAKAYAMA Tatsuryu	Choi Tal Ryong	25	"	Kyong Nam	高山達龍
124	"	TAMAOKA Taishi	Chang Du Hun	27	"	Jun Nam	玉岡大市
125	"	UJIMURA Kiso	Kang Hi Sang	26	"	Chung Nam	美村熙相
126	"	UEHARA Shoshoku	Min Chang Sik	28	"	Kyong Ki	上原昌植
127	"	UMEHARA Mitsuyoshi	Choi Qwo Suk	34	"	Chung Nam	梅原光義
128	"	YASUMOTO Morikatsu	An Sung Ho	29	"	Kyong Buk	安本守勝
129	"	YANAMURA Yoshisuko	Ryu In Tok	28	"	Jon Buk	柳村吉亮
130	"	YAMADA Eitatsu	Sin Young Chul	28	"	Jon nam	山田永徹
?.131	"	YASUMOTO Chisho	An Chi Sang	27	"	Kyong Nam	安本致甫
132	"	YAMAMOTO Eiu	Choi Yung U	25	"	Jun Buk	山本榮宇
133	Civilian	YAMAMOTO Eizen	Choi Yun Ok	34	Nakaichi Yoko	Kyong Ki	山本榮善
134	Senior employees	YAMAMOTO Eikichi	Kim Du Houn	38	P.O.W.	Jun Nam	山本榮吉
135	"	YANAGAWA Koikyoku	Ryu Koung Ok	32	"	Jun Buk	柳川男玉
136	"	YASUDA Tokuko	Jun Dok Ho	27	"	"	安田伊鎬
137	"	YOSHIDA Honon	Lee Kwan Shik	28	M.P.	Poung Buk	吉田豊年

1947년, 드디어 조국으로

이곳에 머무른 지 얼마나 되었을까.

드디어 석방 통보를 받았다.

출발할 때는 3천여 명의 사람들과 함께 왔는데,

130여 명의 동료만 남아 귀환선을 탔다.

조국을 떠난 지 얼마만인가.

어서 고향으로 돌아가 가족들을 보고 싶다.

목차

이야기에 들어가며…

"군속은 군인이 아닌 군대 소속 공무원이다. 직접 총을 들고
싸우지 않기 때문에 안전하고, 월급도 많이 주니 좋은 기회다.
너는 평소에 바깥세상에 나아가 견문을 넓힐 생각을 하지 않았느냐?
남방은 영국과 네덜란드의 식민지였으니
그들의 선진 문물도 경험하는 좋은 기회가 될 것이다."

작은아버지의 말씀을 들은 그날 밤,
그는 잠 못 이룬 채 번민에 빠진다.

스무 살 젊은 청년 최영우

최영우. 그는 춘향전으로 유명한 전라북도 남원의 삭녕 최씨들이 모여 살던 집성촌이자 아홉 명의 신선이 살았다는 전설이 전해 내려오는 구선동(九仙洞, 현재의 수동마을)에서 4남 3녀 중 둘째 아들로 태어났다. 그의 뿌리인 삭녕 최씨는 남원의 유명한 양반가였고, 사매면의 논밭에서 매년 이백 석의 쌀을 거두어들이는 지주 집안이기도 했다. 그의 아버지는 불행히도 젊은 나이에 폐병에 걸려 거동을 못하고 간신히 목숨만 부지하고 있었다. 할아버지가 적지 않은 논밭을 팔아 서울에서 공부를 시킨 덕택에 당시로서는 드물게 배운 사람이었던 작은 아버지가 아버지의 역할을 대신했다. 작은아버지는 든든한 가장 노릇을 하며 집안을 다잡았고 어머니가 세심하게 자식들을 돌본 덕분에 생활은 윤택하고 반듯했다. 자질구레한 집안

일들은 머슴들의 손에서 돌아갔고, 여성들의 일은 식모들이 도왔다. 수동마을은 서도역을 경계로 윗동네와 아랫동네로 구분되어 있었는데 산을 등진 윗동네에는 삭녕 최씨들의 집이, 논밭 주변을 감싼 아랫동네에는 대장간, 주막, 놀음판, 무당집과 같은 다소 험한 곳들이 있었다.

근대화의 물결이 조선 반도 구석구석 스며들면서 뿌리 깊은 반상 의식은 사라져야 할 구태가 되어 갔고, 구선동도 예외는 아니었다. 사람들 간에 점차 평등 의식이 싹트기 시작했다. 도시에서 공부하고 온 식구들이 최씨 집안을 돕던 이들에게 도리어 좌익이니 프롤레타리아니 하면서 평등 의식을 불어넣었다. 삭녕 최씨가 보유했던 드넓은 논밭은 다양한 용도에 따라 처분되면서 점점 축소되었고, 능력과 실력이 있는 이들에게 부가 골고루 분배되었다. 그가 학교에 들어갈 무렵, 삭녕 최씨 집안은 천천히 그리고 완만하게 기울어 가고 있었다.

어린 시절 그는 동네 친구들에게서 '사냥개'라는 별명을 선사받았다. 몸이 원체 가볍고 날랜 덕택인지 동에 번쩍 서에 번쩍 여기저기 돌아다니길 좋아하고 마을 뒷산도 성큼성큼 잘 올라가곤 해 불린 별명이었다. 그는 매사에 쾌활하며 적극적이었고, 또래들을 몰고 다니는 골목대장 노릇을 곧잘 했다. 하지만 그런 기질 때문인지 그는 늘 고향이 답답했다. 바다를 볼 수 없는 깊숙한 내륙에 틀어박힌 분지이자 동남쪽으로는 지리산으로 막힌 남원이 매우 좁고 단조로운 곳이라고 생각했다. 그는 본인이 경험하는 세상을 확장하고 싶었다. 전라도를 남북으로 관통하는 전라선이 다녀 수동마을 사람들을 외부와 이어 주던 서도역은 그에게는 단지 조그마한 역이 아니라 드넓은 세상으로 나아갈 수 있는 기회의 관문과도 같았다.

그는 남원에서 사매보통학교를 졸업한 뒤 바로 밑의 동생인 완우를 데리고 학업을 위해 전주로 올라갔다. 전북에서 가장 큰 도시인 전주에 도착해서야 비로소 본인의 바람이 조금은 해소된 것을 느꼈다. 세상 오만 가지에 관심이 많았던 그는 신문물이 작동하는 원리가 몹시 궁금했고 직접 만들어 보고 싶다는 강한 의지도 있었다. 공부도 그 원리와 이치를 따지고 물을 수 있는 것을 하고 싶었다. 전주공립공업전수학교(지금의 전주공업고등학교) 공예과를 다니기로 한 것도 그런 바람 때문이었다. 그는 학교에서 우등생 자리를 놓친 적이 없었다. 또래의 동급생들을 만나며 좁은 조선 반도가 아닌 드넓은 바깥 세상을 이야기했고, 더 넓은 세상에서 그가 배운 지식과 다양한 재료로 뭔가를 만드는 작업을 펼쳐 나가기를 바랐다.

방학이 되면 그는 고향 구선동에 내려왔다. 여동생들은 그가 서도역에 도착했다는 소식을 전해 들으면 기대와 흥분에 휩싸였다. 그는 선물 보따리를 가져와 나눠 주기도 하고, 공부도 맡아 가르쳐 주는 친절한 오빠였기 때문이다. 갑갑하고 보수적인 양반 집안에서 교양 있는 아씨 노릇을 해야 했던 동생들에게 바깥 세상사를 들려주고 민원 해결사 노릇을 자처했으니, 인기는 당연지사였을 것이다.

하지만 고향에 내려온 지 채 며칠 지나지 않아 그는 좀이 쑤셨다. 몸살이라도 걸린 것처럼 갑갑했고 변화의 조짐이라고는 없는 구선동에 이내 싫증이 났다. 야심만만한 젊은이였던 그는 늘 새롭고 도전적인 일을 하고 싶었다. 한편으로는 호기심 많은 경험주의자였다. 무엇이든 두려워하지 않고 경험해 보는 것을 좋아했고 그 경험을 통해 새로운 것을 알아 가는 데 흥미를 느꼈다. 남원이라는 좁은 시골 마을에서 한평생을 썩는 것은 스스로에게 옳지 않은 일이었다. '농자천하지대본(農者天下之大本)'이라지만 자연의 이치를 수동적으로 받아들일 수밖에 없는 논밭의 온갖 일들은 자신에게 맞지 않는 것이었다.

다시 개학 날짜가 가까워 오면 방학이 끝나기가 무섭게 전주로 올라갔다. 당시 청년들은 세계 정세에 대해 자주 논의했다. 이들은 독일과 영국, 프랑스가 정치적 갈등을 겪는 상황을 신문으로 접하면서 유럽에서 무엇인가 큰일이 생길 것 같다는 불길한 생각을 하곤 했다. 하지만 그의 주요 관심사는 역시 조선이었다. 그는 일본의 억압 속에서 좀처럼 발전하지 못하는 식민지 조선의 상황에 대해 개탄했다. 총독부가 강제적으로 '창씨개명(創氏改名)'을 밀어붙이자 그는 자신의 정체성을 놓고 극심한 혼란에 빠진다. 반발 심리가 발동하여 천에 태극기를 그려 보기도 했다. 그러나 차마 그것을 드러내지는 못하고 이내 고이 접어 함 안 깊숙이 넣어 두었다.

1939년 9월, 논밭의 벼가 뜨거운 햇살을 잔뜩 머금은 채 익어 가고 있었다. 그해, 결국 독일군이 폴란드를 전격적으로 침공하면서 유럽에 전쟁이 발발했다는 소식이 조선까지 전해졌다. 1941년 겨울, 일본군이 진주만을 공습하면서 전 세계는 제2차 세계대전이라는 격랑에 빠지게 된다. 일본군은 인도차이나반도, 말레이반도 등 동남아시아 각지에서 연합군을 향해 총공세를 펼쳤다. 일본군이 백인의 압제에 시달리고 있던 동양인을 파죽지세로 해방시켰다는 보도가 연일 들려왔다. 하지만 그때까지만 해도 그는 일본군의 참전이 조선인에게 어떤 의미를 지니는지 몰랐다.

일본군의 진주만 공습 후 몇 개월 되지 않아 전선이 점차 확대되고 일본군과 연합군 사이에 치열한 전투가 오가면서 '거대한 서양 제국 연합에 맞서 태평양 한가운데에서 외롭게 싸우고 있는 황군을 조선인이 도와야 한다. 내선일체(內鮮一體), 즉 일본과 조선은 하나의 운명 공동체이기 때문에 조선인 역시 참전하여 총력전을 벌여야 한다.'는 여론이 조선 반도에 들 끓기 시작했다. 결국 반도의 조선인 청년들도 하나둘씩 일본 군에 차출되기 시작했다. 특히 집안에 남자 형제들이 여럿이 라면 그중 한 명은 일본군으로 징병되거나 징용을 가야 한다 는 억압된 분위기가 조성되었다. 가장 노릇을 하던 작은아버 지는 외부에서 무슨 이야기를 들었는지 심각한 얼굴로 집에 와 어머니와 이야기를 나누곤 했다. 당시 유지였던 집안 때문 에 사매면 대소사를 의논하기 위해 일본인 면장이나 경찰서 장이 자주 드나들었는데, 그가 예전에 그린 태극기가 우연히 발견되면서 불온한 물건을 소지했다며 추궁당하는 불미스러 운 일도 벌어졌다.

어느 날, 작은아버지는 결국 무거운 얼굴로 가족 회의를 소 집했다. 작은아버지는 그를 쳐다보며 조심스럽게 말문을 열었 다. 장남은 할 일이 많으니 차남인 그가 형제들을 대신해 전쟁 터에 다녀오면 어떻겠느냐는 것이었다. 그는 속으로는 놀란 가슴을 쓸어내렸지만 겉으로는 내색하지 않고 작은아버지의 말에 귀를 기울였다. 작은아버지는 신문을 펼쳐 놓고 공고란 을 손가락으로 가리켰다. 현재 일본군이 사로잡힌 적군인 미군과 영국군 포로를 감시하는 포로감시원, 즉 군속을 수천 명 모집 중이라는 것이다. 군속? 처음 들어 보는 직업이었다. 작은아버지가 말했다.

"군속은 군인이 아닌 군대 소속 공무원이다. 전쟁터에서 직접 총을 들고 싸우지 않기 때문에 안전하고, 월급도 많이 주니 좋은 기회다. 총칼을 든 군인으로 참전하는 것이 아니니 얼마나 안전한 것이냐. 그리고 너는 평소 바깥세상에 나아가 견문을 넓힐 생각을 하지 않았느냐? 남방*은 영국과 네덜란드의 식민지였으니 그들의 선진 문물도 경험하는 좋은 기회가 될 것이다."

그날 밤, 그는 잠 못 이룬 채 번민에 빠진다.

'형님이 우리 집안 기둥이신데, 조선에서 안전하게 계셔야지. 병환으로 누워 계신 아버지도 언제 어떻게 되실지 모르는 상황에서 형님까지 잃을 수는 없지. 완우도 아직은 어려. 그래, 그러면 내가 가야지. 내가 가는 게 맞겠지. 그래야지. 내가

---

* 현재의 동남아시아 지역 일대를 말한다.

가야겠지.'

그는 결국 군속 채용 공고에 응시한다. 채용은 보통학교 졸업 이상 학력인 스물 무렵의 젊은이들로 한정했고, 영어 가능 인력까지도 구인했다. 이에 고등학교 졸업자나 대학을 다니던 엘리트 등이 다수 지원했고 그 역시 무리 없이 합격했다. 그는 합격 통보를 받자마자 이왕에 낯선 오지로 가는 것을 긍정적으로 생각하기로 했다. 포로감시원 근무가 드넓은 세상을 직접 경험할 수 있는 좋은 기회라고 여겼다. 게다가 매월 급여도 준다니 얼마나 좋은 일인가? 그는 만리타향에서 다소 고생은 하겠지만 2년만 꾹 참으면, 그렇게 눈 딱 감고 버티면 다시 늠름하게 돌아와 그 돈으로 대학도 가고, 하고 싶었던 일들도 마음껏 할 수 있으리라 생각했다. 그렇게 마음먹으니 한편으로는 후련했다.

1942년 5월, 그는 서도역 앞에 섰다. 기차가 멀리서 경적을 울리며 다가왔다. 그는 가족들과 작별 인사를 하고 기차에 올랐다. 도착한 곳은 부산 서면의 노구치 부대. 그곳에서 그는 또래들과 훈련을 받기 시작했다. 군인이 아닌 군무원 신분으로 근무한다고 들었는데 사격과 제식 훈련은 왜 시키는 것인지 좀처럼 이해할 수 없었다. 훈련은 혹독했다. 군인 정신을 길러야 한다며 아무런 잘못이 없는 애꿎은 동료의 뺨을 때리거나 반대로 자신이 맞는 일도 허다했다. 뭔가 자신의 생각과는 다르게, 잘못 돌아가고 있다고 느꼈지만 정확히 무엇이 잘못된 것인지는 깨닫지 못했다.

그렇게 가혹한 훈련 생활 두 달이 흘러갔다. 그는 이제 동료 삼천여 명과 부산항 부둣가에 서 있었다. 그들 앞에는 동남아시아로 떠날 아홉 척의 수송선이 기다리고 있었다. 거대한 배들을 바라보며 그는 가벼운 흥분에 휩싸였다.

"대양의 넓은 바다가, 한 번도 경험하지 못한 이국이 나를 기다리고 있어. 그래, 우리는 총을 쏘며 적군을 죽이는 전쟁을 하러 가는 것이 아니야. 우리는 단지 공무원일 뿐이야. 포로감시원이지. 나는 주어진 임무만 잘 소화하면 돼. 2년이다. 2년이면 제법 돈이 모여 있겠지. 그리 길지 않은 시간일 거야."

하지만 그 누가 알았을까, 그를 비롯한 젊은이들의 운명이 이내 뒤집힌다는 것을.

(미국령)

만주국

조선

일본 제국

중화민국

미드웨이
(미국령)

버마

타이완

웨이크
(미국령)

하와이
(미국령)

태국

필리핀
(미국령)

괌
(미국령)

말레이시아
(영국령)

팔라우

보르네오 섬

길버트
(영국령)

뉴기니

파푸아
(호주령)

인도네시아
(네덜란드령)

호주

1942년 동아시아 정세 태평양 전쟁 초기, 일본은 선제 공격을 통해 동아시아는 물론 인도차이나반도와 호주 접경 지역까지 위세를 떨쳤다. 수백 년간 백인들의 식민지 수탈에 시달렸던 동남아 원주민들은 일본군의 진입에 호의적이었다.

포로감시원의 정체

여기서 잠시, 당시 세계 정황과 포로감시원에 대해 밝혀 두고
자 한다. 조선을 집어삼킨 일본은 국력을 키워 가다 몇 년 후
만주를 침공하여 만주국을 세웠다. 하지만 국제 여론이 좋지
않자 국제 연맹에서 아예 탈퇴해 버린다. 1937년에는 전쟁을
일으켜 중국을 침략했다. 뜻밖에 전쟁이 지지부진하게 흘러가
자 종전을 위한 탈출구를 모색하지만 뜻대로 되지 않았다.

한편, 유럽에서는 독일과 이탈리아가 전 세계의 새로운 질
서를 구축하고자 전쟁을 시작했고 일본은 이들과 삼국 동맹
을 맺었다. 일본은 중일 전쟁이 장기화된 것이 영국과 미국의
장개석*에 대한 원조와 일본에 대한 금수(禁輸) 조치에 있다고

---

* 장제스(蔣介石). 일본을 상대로 항일 운동을 벌이던 중국 국민당의 정치가로, 나
  중에 대만의 국부가 된다.

판단했다. 결국 일본은 다시 한 번 일전을 일으켜 하와이의 진주만을 기습한 후 동남아를 석권했다.

　일본군은 필리핀에서 전투 후 잔류 미군을 포로로 잡았고 프랑스령 인도차이나와 태국에는 무혈입성했다. 말레이시아에서 영국군과 전투 후에는 또다시 많은 포로를 사로잡았고, 거점인 싱가포르를 함락하고 대축제를 벌였다. 동시에 버마* 를 침공하여 인도 국경이 전선이 되어 버렸다. 연이은 전승과 점령지 확장에 따라 계속해서 적군 측의 포로가 대규모로 발생했다. 남으로는 바다 건너 호주를 넘어다보고, 동으로는 태평양의 깨알만 한 섬들이 쟁탈전의 대상이 되었다.
　거듭하는 전승에 일본은 들떠 있었다. 이제 점령지에 철통의 진을 치고 적의 침입을 무찌르면 이른바 '대동아 공영권'** 이 완성되는 것이다. 서양인과의 전쟁은 이미 메이지(明治) 37년(1904)에 러일 전쟁으로 경험한 바 있었다. 일본은 신의

---

* 지금의 미얀마를 칭한다. 1988년 미얀마로 개칭하기 전에는 전 세계적으로 '버마'라고 불렸다. 영연방 국가에서는 지금도 버마라고 부른다.
** 일본을 중심으로 함께 번영할 동아시아의 여러 민족과 그 거주 범위를 의미한다. 태평양 전쟁 당시 일본이 아시아 대륙에 대한 침략을 합리화하기 위해 내걸었던 정치 표어다.

가호를 받는 나라, 천황*은 현신(現神)이 되었고 군은 무적의 황군, 일본인은 황국 신민이 되었다. 따라서 조센진(朝鮮人)과 시나진‡은 경멸의 대명사가 되고, 한때 문명국 운운하며 배워 오던 서양은 막부 시대의 게도**로 돌아갔다.

대규모로 늘어난 게도의 포로들을 조선인에게 맡기는 이유는 몇 가지로 정리된다. 우선, 일본군 병력을 전투에 집중시키기 위해서다. 포로 감시 업무는 전투 행위가 아니므로 훈련받은 일반인이라면 누구나 할 수 있었다. 둘째는 포로와 일본군 간의 일상적인 접촉 중에 생길지도 모를 불미스러운 사건에 대해 포로감시원을 앞세워 변명하고 책임을 회피할 수 있기 때문이다. 즉, 포로가 사망했다면 그것은 조선인 포로감시원의 잘못이지, 황국 신민의 병사가 한 것이 아니라고 주장할 수 있다. 마지막으로 그동안 우월한 민족으로 찬미했던 백인들을 포로로 잡은 일본군을 직접 목도하게 해 일본의 위세를 선전하기 위함이었을 것이다.

• 일본의 역대 군주에 대한 칭호로, 1990년대부터 국내에서는 일왕이라 부른다. 이 책에서는 1940년대 표현을 되도록 살려 이같이 표현했다.

‡ 본래 시나진은 일본어로 중국인을 뜻하는 단어였지만, 조센진처럼 경멸과 조롱의 의미를 내포한 단어로 변질되었다.

** 한자로는 하등(下等). 본래 게도는 사무라이 이외의 하층 계급을 일컫는 말이었다. 하지만 여기서 말하는 게도는 일본 다음의 이류 국가를 의미한다.

조선 팔도에서 행정 기구를 통해 장정 삼천 명을 모집하는
것은 용이한 일이었다. 지원병도 아니고, 상당한 봉급을 주는
군속이며, 근무 기간은 부산에서 2개월간의 훈련 후 현지 근
무 2년 만기였다. 모집된 이들은 스물에서 스물여덟 살쯤 되
는 건장한 장정들이었는데, 다음 해부터는 조선에 징병령을
실시한다고 예고했으니 젊은이들은 그것이 두려워 미리 자원
하기도 했을 것이다. 조금 나이가 있는 이들은 강박하게 몰아
치는 전시 체제와 동원령으로 억압된 국내 생활에서 벗어나
해외에서 웅비를 펼치려 했을 것이다.

　　나의 외할아버지처럼.

"육지가 보인다!"

누군가 소리쳤다. 정말로 머나먼 곳에 산이 보였다.
우리 배는 잠시 항구 도시 사이공에 정박해
수백 명의 동료를 내려놓고 다시 출발한다.
나는 그들을 보며 중얼거렸다.

"안녕을 빈다. 반드시 살아 돌아오자!"

1장.

우리는 남방으로 간다

끝나지 않는 항해

1942년 8월 19일, 부산항을 떠난 지 벌써 일주일이 지났다. 일본 규슈 섬의 나가사키에 잠시 정박한 후 여러 척이 다시 선단을 짜서 남진했다. 우리를 태운 선단은 타이완 섬과 중국 대륙 사이의 타이완 해협을 항해하고 있다. 누군가 말한다. 타이완 북쪽에 있는 타이베이(臺北)에서 남쪽 타이난(臺南)까지 기차로는 네댓 시간이면 도착하지만, 이 배처럼 느리게 간다면 하룻밤 이상이 걸릴 거라고.

지난 일주일간의 항해는 정말 악몽이었다. 현해탄의 파도는 매우 거칠어서 항해를 처음 경험하는 우리들은 심한 뱃멀미를 하고 여러 끼니를 챙기지 못했으며 그나마 먹은 것도 죄다 게워냈다. 선실과 갑판 사이를 오르내리면서 어떻게든 끝까지 견뎌야 하는 게 우리 신세다. 하지만 동중국해를 겨우 벗어나니 바다도 잠잠해졌고 배에도 다소 익숙해졌다.

　수일 후 어느 밤, 자정쯤 홍콩에 당도했다. 서양 냄새가 물씬 풍기는 거리라고나 할까? 눈앞에는 큰 산들이 보이는데 거대한 빌딩처럼 온통 전등불로 장식되어 있다. 불과 반년 전만해도 산꼭대기에 집 짓기를 좋아하는 영국인들이 중국인이 끄는 가마에 탄 채로 집을 오르내렸다 한다. 지금은 용맹한 일본군의 진격에 밀려 남쪽으로 도망쳤단다. 인도로 갔을까? 아니면 본국으로 돌아갔을까? 듣자 하니 필리핀에 주둔했던 미군은 호주까지 달아났다고 한다.

　작년 겨울이었다. 1941년 12월 8일 새벽, 일본의 폭격기가 하와이 진주만을 기습하고 미태평양 함대 대부분을 섬멸했다. 말레이시아에서는 영국 함대를 격침하거나 축출했다. 이렇게 기세등등한 일본군이지만 지금 이 선단은 혹시 모를 잠수함의 위협에 대비해, 호송함 전후좌우에 배치된 군함들이 호위를 게을리하지 않는다. 비행기도 가끔 기지에서 날아와 선단을 둘러보고 돌아간다. 배와 배에서 신호기를 든 기수가 절도 있게 깃발을 내저으며 신호를 교환한다.

　선단은 30여 척이나 될까? 이열 종대로 나아가는데 선두와 후미의 배는 보이지 않는다. 배마다 군인을 콩나물시루마냥 싣고 군수 물자를 가득 적재했다. 돌아올 때는 남방의 온갖 보물과 군수품의 자료 같은 것을 가득 싣고 지금처럼 선단을 지어 돌아오리라.

우리 선단은 남중국해의 기나긴 항로를 밟고 있다. 속력이 제일 느린 배에 맞추어 가야 하기에 자전거 속도인 시속 10노트나 될까. 날마다 해는 바다에서 떠 바다로 진다. 누군가가 이제 태풍과 폭풍우의 위협은 벗어났으니 적의 위협만 없으면 안전하다고 말한다.

더위가 본격적으로 시작된다. 거대한 환풍기가 바람을 불어넣고 있으나 워낙 인원수가 많아 식사를 할 때면 땀이 줄줄 흘러내린다. 땀방울이 밥그릇에 그대로 뚝뚝 떨어지지만 잽싸게 먹어 치우고 빨리 갑판으로 뛰어올라 바깥바람을 쐬는 게 일과다. 쌀밥은 구경한 지 오래다. 우리가 날마다 먹는 건 빨갛게 익은 호박으로 쑨 호박죽이다. 밤이면 갑판에 누워서 "야, 이 징그러운 애호박 그만 먹여!" 하며 발로 호박 덩이를 차기도 했다.*

어느 날은 뱃전에 널빤지를 대고 그 위에 흰 베에 싸인 기다란 물체를 밀어서 바다로 떨어뜨리는 것을 봤다. 곁에 서 있던 몇몇 선원들이 고개를 숙이고 묵도한다. 수장을 하는 것이다.

---

* 수송선에서 조선인 군속에게 배급된 식사는 주로 호박죽이었다. 이때의 악몽 때문에 그는 생전에 호박이라고 하면 입에 대는 것조차 싫어했다.

부산에서 출발한 수송선의 행로 조선 반도의 혈기 왕성한 엘리트 출신 젊은이들을 가득 태운 삼십여 척의 수송선은 부산항을 떠나 대양으로 향했다. 이들은 전세가 유리하던 태평양 전쟁 초기에 투입됐기에 격침 위험이 크지 않았다.

전쟁터에 가기도 전에 바다 한가운데서 영면하다니 안타깝기 짝이 없다. 그래도 잊지 말자. 우리는 지금 새 출발을 하는 것이다. 일본인 군인이나 조선인 군속이나 다 같이 미지의 세계, 남방으로 간다. 목적지에 닿으면 서로 제 갈 길을 갈 것이고 그 임무와 활동에 따라 운명이 달라질 것이다. 그러나 지금 이 순간에는 같은 운명에 처한 통조림 속의 알알이다.

배의 마스트˙ 꼭대기에는 가끔 해조가 날아와서 앉는다. 끝도 없는 바다인데 저 새는 어디서 날아왔다 어디로 가는가. 뱃머리에서 바다를 내려다보니 상어 한두 마리가 배와 경주하듯이 따라온다. 파선이라도 되어 바다에 빠지는 날이면 상어밥이 될 것이다. 구만리장천을 홀로 가는 우리는 가끔 비상 훈련도 한다. 구명 통을 어깨에 걸어 메고 빠른 시간 내에 뱃전까지 올라와서 바다에 뛰어드는 시늉을 하는 것이다.

"육지가 보인다!"

누군가 소리쳤다. 정말로 머나먼 곳에 산이 보였다. 우리 배는 잠시 항구 도시 사이공에 정박해 수백 명의 동료들을 내려

• 배의 중심선 상의 갑판에 수직으로 세운 기둥. 범선의 돛을 달거나 무선용 안테나를 가설하거나 신호기를 게양하는 데 쓴다.

놓고 다시 출발한다. 나는 그들을 보며 "안녕을 빈다. 반드시 살아 돌아오자!"라고 중얼거렸다.

다시 기나긴 항로에 돌입한다. 어쩌다 비바람이 치는 날이면 배는 제법 동요한다. 3천 톤 급 화물선인데도 전후좌우로 많이 흔들린다. 그러나 이제 익숙해진 덕분일까. 뱃멀미하는 사람은 거의 없다. 밤이면 머나먼 하늘에 약간의 달빛만 보인다. 검은 구름과 술렁이는 바다의 꿈틀거림은 악마와 해룡의 입맞춤이 아닐까? 어둠 속에서 배의 기계 소리와 우리의 여로만이 여전하다. 내가 지나갈 내일 밤의 이 바다도 여전하다면 조물주는 무슨 목적으로 이러한 오묘를 만들었을까.

낮에 선실의 더위에 시달리던 중, 먼 곳에서부터 구름 덩이와 함께 쏟아지는 스콜이 다가왔다. 급히 옷을 벗고 수건에 비누칠한 후 오랜만에 땀과 때를 문지르고 있는데 빗줄기가 금세 다른 곳으로 지나가 버렸다. 별수 없이 바닷물로 몸을 마저 씻어냈지만 소금기가 끈적끈적하여 기분이 좋지 않다.

육지를 떠난 지 한 달이 조금 넘었다. 섬이 가까워지면서 야자수와 조그마한 언덕 위에 깨끗한 양옥, 잘 정리된 새파란 정원이 멀리 보였다. 소남도˙, 즉 싱가포르 항구 어귀에 들어선

• 일본인들은 싱가포르를 소남도(昭南島, 일본어 발음으로 쇼난도)라고 칭했다.

것이다. 널따란 항구를 슬쩍 살펴보았다. 일본군 폭격기에 폭탄을 맞아 반쯤 침몰한 부분, 머리는 물속에 처박고 등을 보이는 배들, 반파된 부두의 창고. 어수선한 모습이 전쟁이 벌어졌음을 짐작하게 했다.

바다 위에 떠 있는 부표 주변을 훑어보았다. 멀리, 그리고 가까이 떠 있는 큰 배만 해도 대충 백여 척은 넘는다. 가히 대항구다운 규모다. 모든 배들은 기나긴 여로에서 막 엄마 품으로 돌아와 휴식하는 모양새고, 바다도 잔잔하기만 하다. 이따금 정중하게 한 번씩 울리는 고동 소리는 이제 동남아의 보고에서 진귀한 사탕과 고무, 기름과 광물을 가득 싣고 본국으로 돌아간다는 신호다. 고동 소리가 멀고 험난한 항로를 앞두고 자식을 부르는 어미의 울음소리처럼 느껴지는 건 나뿐일까? 그래서 서양인은 배를 여성(She)이라고 부르는 모양이다.

인도는 영국의 젖줄이라고 한다. 동남아도 영국, 프랑스, 화란,* 포르투갈의 젖줄일 것이다. 일본, 독일, 이탈리아는 젖줄 없이 고달픈 엄마 젖만으로 자랐다고 해야 할까? 삼국이 동맹하여 새로운 질서를 만들자며 전쟁을 일으켰지만 본래의 속셈은 자신들의 젖줄을 마련하자는 것일 게다.

---

* 당시 네덜란드는 화란(和蘭)이나 아란타(阿蘭陀, 일본어 발음으로는 오란다)로 표기했다.

부두에는 시커멓고 키가 크며 몸이 가느다란 인도인 쿨리*들이 벽돌을 쌓아올리며 부서진 창고를 고치고 있다. 배에 짐을 싣고 내리기도 한다. 머리와 몸의 상반신에만 걸친 때 묻은 흰 천이 그들이 입은 의복의 전부다. 무릎은 드러나 있고 신발은 아예 신지도 않았다. 누군가 고함치며 장대로 밀어붙인다면 그들은 삼 줄기처럼 쓰러져 버릴 것도 같다. 몹시 허기져 보이는 그들이 어떻게 중노동을 할까? 글자 그대로 고력(苦力)이다.

현지인 하나가 노를 저으며 우리 배 밑으로 바짝 다가와서 깡통처럼 보이는 것을 치켜들고 손가락을 두세 개 벌려 보인다. 위에서 누군가 노끈에다 돈을 달아 내려보냈더니 그 사람은 물건과 거스름돈을 올려 보낸다. 배에 담긴 물건을 전부 팔아도 남는 것이 얼마나 될까 의심이 간다. 우리 중 일부는 이곳 싱가포르에 남았고, 나머지는 배에서 내려 큰 배로 옮겨 탔다. 아직 항해가 끝나지 않은 것이다.

• 20세기 초, 전 세계 각지에서 짐꾼, 심부름꾼, 인력거꾼 등으로 일하던 중국과 인도 출신의 노동자 하층민을 '쿨리'라고 불렀다. 이들은 흑인 노예처럼 매매되기도 했다.

육지를 밟다

우리 중 3분의 1은 싱가포르에 잔류하고 나머지는 9천 톤 급 화물선을 타고 과거 화란의 식민지였던 인도네시아의 자바 섬으로 떠났다. 이틀 후, 우리는 인도네시아의 수도 자카르타 의 항구에 당도했다. 몇 달 전만 해도 이 도시는 바타비아[*]라 는 이름으로 불렸다. 수십 년 만에 본래 이름으로 돌아온 것이 다. 본선에서 전마선[**]을 타고 뭍에 상륙했다. 거의 한 달 만에 육지를 밟았다. 땅에 발을 내딛는 순간, 지루했던 배 안 생활 이 옷에 붙은 먼지를 털어 낸 것마냥 순식간에 잊혔다.

---

[*] 네덜란드의 식민지 시절, 자카르타는 '바타비아(Batavia)'로 불렸다. 수마트라 섬 원주민인 바타족이 사는 지역이라는 의미를 담고 있다.
[**] 큰 배와 육지, 또는 배와 배 사이의 연락을 맡아 오가는 작은 크기의 배를 뜻 한다.

우리는 수십 대의 트럭에 분승해 숙소로 향했는데 그 행렬이 가히 장관이었다. 밤길의 서치라이트가 비추는 도로는 청결해 보인다. 가로수들이 빽빽이 우거져서 마치 나무로 만든 터널이라 해도 될 법하다. 10킬로미터쯤 더 가서 숙소에 도착했는데, 오랜 여독이 스스로 풀릴 것만 같았다.

이튿날, 우리는 다시 무리를 나누어 각 지대의 수용소로 향했다. 나는 자바 섬의 서쪽 끝에서 동쪽 끝인 수라바야(Surabaya)로 향하는 기차를 탔다. 비교적 일찍 건설된 이곳의 철도는 일본처럼 폭이 좁은 협궤 철도다. 차장이란 자는 귀를 쫑긋 세우며 무슨 말이라도 알아들으려 애쓴다. 또 고분고분한 자세로 우리의 편의를 봐준다. 기관차는 석탄 대신 장작을 때는데, 화력이 좋은지 제법 잘 달린다. 창밖으로 얼굴을 내밀면 매연이 아주 심하여 콧구멍이 새카매진다. 열차에는 삼등칸까지 있는데 우리는 일등칸에 탑승했고, 삼등칸은 철망으로 둘러 있다. 요금이 저렴한 삼등칸에는 주로 과일 장사꾼들이 많이 탔다. 이들은 막대 양 끝에 바구니 매단 것을 어깨에 멘채로 타곤 한다.

목적지에 당도하자 사람들이 모여든다. 말은 통하지 않는다. 이들은 엄지를 추켜들고 흔들며 "닛폰!"이라고 외쳐 댄다. 일본군이 제일이라는 뜻일 게다. 우리는 고개를 끄덕이며 동

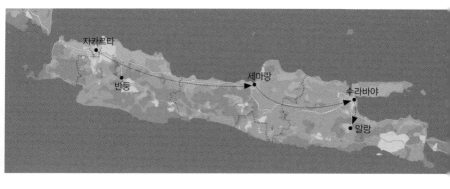

말랑 포로수용소까지의 이동 경로 자바 섬의 자카르타에 도착한 후, 최종 목적지인 말랑(Malang)까지의 이동 경로다. 자바 섬은 자카르타, 반둥 등 주요 도시들이 있는 인도네시아의 중심 섬으로, 태평양 전쟁 당시 일본군 포로수용소 사령부가 있던 전략 지역이었다. 수라바야는 지금까지도 인도네시아 제 2 도시의 위상을 지니고 있으며 화교들도 많이 살고 있다. 일본 패망 후 인도네시아와 네덜란드 간 독립 전쟁이 시작된 곳이기도 하다.

감이라고 의사를 표시한다. 달리는 기차에서도, 기차가 쉬고 있는 정거장에서도 전투모와 군인만 보이면 곳곳에서 손을 흔들어 댄다. 실로 지금 이 땅은 환호 일색이다. 일본군은 해방자이고, 원수 화란을 몰아낸 자이며, 은인이다. 이들에게는 수백 년 만에 생각지도 못했던 일이 일어난 것이다.

범선을 타고 들어온 서양인들이 총포를 쏘아 대며 위협했을 때도 이곳 민간인들은 경악하며 소동을 벌였을 것이다. 그때의 대소동과 크게 다를 바 없겠지만 지금은 환희의 절정으로 가득한 즐거운 소동이다. 일본군이 이곳을 침공한 후 첫마디는 이랬다.

"우리는 동조동손(同祖同孫)*이다. 보라. 피부색이나 골격이 같지 않으냐. 이 땅의 조상들은 일본 열도에서 배를 타고 이곳까지 온 이들이다. 이제 신군(神軍)이 너희를 구조하러 왔으니 모두 일상 업무에 충실해라."

똑같이 점령지가 된 중국과 비교해 이곳에서 일본군이 할 일은 너무나도 다르다. 중국에서는 선무※를 위해 갖은 애를 써야만 한다. 밀정을 풀어 반란자를 색출하고 한편으로는 신질서 대동아 공영권 운운하며 프로파간다¥를 퍼뜨리기 위해 온갖 노력을 기울이고 있는데, 정작 이곳에서는 다들 낮잠만 자는데도 일이 잘만 돌아갔다.

기차가 중간 도시 세마랑(Semarang)을 거쳐 수라바야에 이르는 동안 마주한 열대의 온갖 풍물은 진기했다. 벼 심은 논이 도처에 보였는데 어떤 곳은 산 중턱, 또 어떤 곳은 산꼭대기까지 가느다란 논두렁이 장관으로 펼쳐져 있었다. 논갈이나 써

• 당시 일본군은 동남아시아를 침략하면서 현지인들에게 유달리 인종적 동질성을 강조했다. 유전적으로 남방계가 많은 일본인의 인종학적 특징에 기초하여 동남아시아인과의 친밀성을 강조함과 동시에, 점령군을 바라보던 현지인의 불신과 의심을 불식하기 위해서였다.

※ 선무(宣撫)란 점령지 주둔군이 현지 주민들의 민심을 안정시키는 일을 뜻한다.

¥ 어떤 정치 집단이나 혁명가들이 자신들의 사상이나 교리, 이념 따위를 대중에게 이식하기 위한 교묘한 선전 활동을 의미한다.

레질은 어떻게 할까. 한쪽 논의 벼는 누렇게 익어 있는데 그 옆에서는 모내기가 한창이다. 또 다른 논에는 벼 이삭의 모가 지만 끊어 엮은 볏짚단이 가득하다. 이곳에서는 일 년에 두 번 반이나 벼 수확을 한단다.

산에는 고무나무가 잘 정돈되어 서 있고 커피나무, 약나무, 이름 모를 활엽수도 잔뜩 보인다. 끝도 보이지 않는 넓은 사탕 수수밭 사이로 수숫대를 가득 실은 간이 열차가 지나간다. 목 적지는 설탕 공장이다. 인도네시아는 전 세계에서 손꼽히는 설탕 생산국이라 한다. 강과 시냇물은 거무충충하고 바닥이 잘 보이지 않는다. 낙엽이 썩어 거름물이 되고 강으로 흐르니 논으로 물을 대면 그것이 곧 비료 물이다.

수라바야 역 안의 열기가 대단하다. 해양성 열대 기후의 특 성 때문에 낮 기온은 28도 정도를 유지하고 바람이 자주 불어 지낼 만도 하지만 역 안은 찌는 듯 덥다. 우리는 이곳에서 다 시 고원 지대이자 화란인의 별장지였던 말랑으로 향한다.**

나무를 연료로 때는 열차는 경사진 철도를 잘만 달린다. 바 깥을 내다보니 깊은 계곡과 능선을 가로질러 철근으로 대충 엮어 놓은 다리가 많기도 하다. 깊은 곳은 40미터나 될까. 정

** 말랑은 고원에 위치해 고온 다습한 인도네시아의 일반적인 기후 환경과는 달 리 기온이 낮고 쾌적해 네덜란드의 식민지 시절에는 휴양지로 유명했다.

말 길고도 높은 철교다. 여기서 열차가 굴러 버리면 어떻게 될까. 발끝이 오싹하다. 과연, 얼마 안 가서 보니 철교 옆으로 기관차 하나가 나자빠져 있다.

두 시간 남짓이나 달렸을까. 말랑 역에 내리니 고원 특유의 쾌적한 공기가 우리를 맞이한다. 앞에는 번번한 들판이, 멀리는 웅장한 산들이 이곳을 둘러싸고 있다. 인구 6만여 명의 이 도시가 우리의 근무지다. 주택가 주변으로는 야자수가 보기 좋게 늘어져 있고 정원의 잔디밭도 잘 정돈되어 있다. 좋은 별장은 장교들의 숙소가 되었고 우리도 제법 좋은 양옥을 배정받았다.

베란다에 앉아 고개를 숙이고 아래를 내려다보니 소리내어 흐르던 계곡물이 바위에 떨어지면서 허연 안개를 이룬다. 오후 3시쯤이면 스콜이 몰려오는데 빗줄기가 쏟아지며 나뭇잎에 빗방울 떨어지는 소리와 어우러진 것이 듣기 좋은 연주곡 같다. 이 지방은 매일 오후만 되면 마른 하늘에도 난데없이 스콜이 쏟아진다. 한 20분이나 될까. 그것만 지나가면 시치미를 떼듯이 다시 날씨가 멀쩡해진다. 비가 오면 지나가던 행인은 모두 멈추고 마차도 쉰다. 우산은 애당초 있지도 않다. 우기와 건기가 반반인데 지금은 우기다.

포로수용소에 가 보니 교대할 부대가 왔다고 다들 즐거워

한다. 포로 감시 요령을 약식으로 알려 주고 인원 점검을 대충 마친 후에는 무용담을 늘어놓기 시작한다. 우리는 후배이기 때문에 이들이 떠드는 소리를 잔말 않고 경청할 따름이다. 한 포로감시원이 자랑스럽게 말했다.

"실로 격전이 펼쳐졌지. 하지만 총을 빵빵 쏴 대면 가는 곳마다 떼를 지어 두 손 들고 나왔어."

그의 말로는 이곳에서 오천여 명을 무장 해제시켰다고 한다. 다른 포로감시원이 의기양양하게 이야기를 보탰다.

"가는 곳마다 비단 더미를 갖다 놓고 잠을 잤고, 양주가 창고에서 콸콸 쏟아져 나와 원 없이 마셔 댔지."

나는 맞장구를 쳤다.

"참 잘 싸우셨네요."

그러자 포로감시원이 대답했다.

"하지만 몇 달 지나니 슬슬 지겨워졌어. 우리는 태평양의 다른 섬으로 간다고 하는데, 아마 운이 또 따르겠지. 하나 알려 주자면 여기 포로들은 아주 온순해. 온순하고말고."

나는 그가 이동한다는 말에 행운을 빌어 주었다.

"선배님의 무운장구*를 빌겠습니다."

---

* 무운장구(武運長久)란 무인으로서 운이 길고 오래간다는 뜻이다. 무사 귀환과 유사한 의미다.

말랑 제 5 분견소

이곳 말랑에 있는 수용소는 제 5 분견소라 불리고, 이곳에서 관리하는 포로는 약 오천 명이다. 수용소 주변에는 철조망과 암페라[*]가 둘러쳐져 있어 외부 세계는 볼 수가 없다. 우리에게 는 남방의 모든 풍물이 새로웠지만 특히 서양인들이 낯설었다. 포로들은 거의 화란인이고 영국인과 호주인도 섞여 있었다. 이곳에 머무르는 화란인의 구성은 백인이 절반, 동양계 혼혈인 2, 3세가 절반 정도였는데, 혼혈도 백인에 가까운 자, 황인과 유사한 자, 짙은 검은색 머리에 누런 피부를 가진 자 등 가지가지였다. 골격도 왜소한 동양계부터 장대한 서양인까지 다양했다. 가슴에 시커멓게 털이 나 있어 원숭이처럼 보이는

---

[*] 암페라(アンペラ)란 포르투갈어 'Amparo(암파루)'를 어원으로 하는 단어로, 야생 초목의 줄기로 만든 거적때기나 자루를 의미한다.

이들도 상당수였다.*

선배 포로감시원의 이야기처럼 이들의 공통점은 겉으로는 잘 순종한다는 것이다. 일본군의 군기에 어느 정도 익숙해져 있어서인지 경례와 차려 자세도 매우 절도가 있었다. 하루 두 차례의 점호는 일본어로 했다. 포로로 잡힌 장교에게는 명목상의 봉급이 지급되었고, 간혹 약간의 노역에 사병을 동원할 수도 있었다. 그러나 의복은 거의 지급되지 않아 반나체에 가까운 생활을 했다.

이들에게 제일 고통스러운 것은 급양(給養), 즉 음식이었다. 날마다 세 끼를 먹여야 했는데 빵과 우유가 중단된 지가 한참 되어 질이 떨어지는 하등미로 죽을 쑤어 먹여야 했다. 영양은 사활이 걸린 문제다. 이들은 하루빨리 전처럼 잘 먹고 잘 살 날이 오길 기대했지만 그날이 언제 올지는 아무도 모른다. 가끔 항의나 진정을 하지만 다 소용없는 일이다. 분견소 소장이 목석 같은 인물이기 때문이다. 결국 날이 갈수록 포로들의 피하 지방은 얇아지고 낯빛도 바뀐다. 매일 보는 감시원들에게서 뭔가 기대하긴 어렵다. 그들의 처지에서는 감시원들의 횡포나 없으면 그나마 다행일 것이다.

• 당시 인도네시아에는 네덜란드 민간인도 많았다. 이들은 인도네시아인 거주지와는 철저하게 구분된 자신들만의 집단 거주지에 살고 있었다.

포로들은 매일 한두 소대씩 외부 작업장에 나갔는데, 가는 도중 자전거 탄 여인들과 청년들을 지나치곤 했다. 그들은 손가락을 살짝 들어 포로들에게 뭔가 신호를 주거나 쪽지 등을 전했다. 그 모습을 목격한 감시원들은 포로들이 귀대할 때 정문에서 호주머니 검사를 했다. 밖에 나가 부녀자들을 쫓아도 보았지만 우리 말에 아랑곳하지 않았다. 그러자 우리는 더욱 과감하게 행동했다. 부녀자들, 청년들을 죄다 잡아 수용소 앞 정원에 한두 시간씩 무릎을 꿇리다 돌려보낸 것이다. 이런 체벌을 몇 번 반복하자 그들은 수상한 행동을 그만두기 시작했다.

포로가 아닌 민간인은 자기 집에서 비교적 자유로운 생활을 한다. 그러나 그들 대부분은 생계 수단이 없어져 버렸다. 생활을 유지하기 위해 가구나 패물을 팔기도 했는데, 그것도 군부가 필요하다고 판단하면 언제든지 징발되었다.

어느 날 우리는 가옥 하나를 접수했다. 넓고 아늑해 보이는 양옥이었다. 원래 이 집에 살던 여인들과 아이들은 우리 때문에 살던 곳을 떠나 다른 사람들이 사는 집으로 가야 했다.

우리가 접수한 집은 청소가 잘되어 있었다. 응접실 탁자 위와 몇 군데에 꽃병이 놓여 있었다. 꽃병에는 깨끗한 물이 담겨

일본식으로 개조된 적산 가옥 일본군은 인도네시아 점령 후, 네덜란드인 거주지 지역을 접수해 민간인의 이주를 제한하고 일부는 포로수용소에 수용하기도 했다. 네덜란드인의 집들은 적산 가옥으로 바뀌어 필요에 따라 일본군 사택 등 다양한 용도로 활용되었다.

있었고 꽃도 갓 꺾어 온 것처럼 생기가 넘쳤다. 나는 이 모습을 보고 집주인들이 정말 아름다운 마음씨를 지녔다고 생각했다. 단순히 이사할 때도 지저분하게 나가기 일쑤인데, 하물며 적군에게 집을 빼앗겨 쫓겨나는 처지에 이렇게 잘 정돈하고 떠난 모습이 대단하다. 아니, 나로선 이해하기조차 어려울 정도다.

화란인들이 살던 주택가와 휴양지

화란인이 사는 주택가는 어느 곳이나 아스팔트로 포장되어 있고 단장은 야트막한 철망으로 둘려 있다. 문에는 개 머리를 그려 놓은 철판이 하나 붙어 있고 그 아래에 '개 조심'이라는 경고 문구가 적혀 있다. 잔자갈을 깐 정원에 들어서면 사각사각 소리가 났다. 어느 정원이나 예외 없이 크고 풍성한 잎을 자랑하는 분재가 네댓 개씩 있었지만 꽃이 핀 화초는 자주 볼 수 없었다. 본 건물 옆에는 차고가 있다. 현관에 들어서면 응접실이 나오고 바로 옆 복도 양편 방에는 의자와 침대 등이 잘 정돈되어 있다.

그들은 주택의 배색에도 많은 노력을 기울인 듯하다. 유리창과 가림창, 이중으로 만든 창에는 납 새시가 잘 붙어 있다. 복도 뒤 안방을 지나 주방을 살펴보면 그 옆에는 하녀와 운전

수가 기거하는 컴컴한 방들이 반듯이 붙어 있다. 하얀 백회 칠을 한 벽에 빨간 기와지붕이 간결한 느낌으로 쌓아 올려진 주택들이다. 동네에는 테니스장도 보인다. 밤에도 테니스를 칠 수 있도록 백열등까지 마련되어 있다.

휴일을 이용해 조금 큰 거리로 나가 보았다. 멋진 야자나무 가로수가 줄지어 있는 고급 주택가 안 정원에 광택으로 번들거리는 승용차 두 대가 보인다. 천황의 친척이 전선을 시찰하러 와서 묵는 중이라고 한다. 정문에는 초병이 서 있다. 주택가를 지나 상가에 접어드니 한산한 상점들이 죽 들어서 있다. 중국 여인들의 말소리가 요란하다. 상점에 들러 화교와 인사한 후 벽을 보니 왕조명*의 사진이 크게 걸려 있다. 필시 일본군이 오기 전에는 저 자리에 장개석의 사진이 걸려 있었을 것이다.

이 땅에는 5천 명가량의 화교가 산다고 한다. 그들의 조상들은 명나라 때 남으로 남으로 이주하다 여기까지 흘러 내려왔다. 근면과 머리로 부를 일궜고, 어느 촌락을 가도 장사하

---

* 왕자오밍(汪兆銘), 왕징웨이이라고도 부른다. 한국식 이름으로는 왕정위로도 알려져 있다. 쑨원과 친밀한 관계였고 국민당 정부의 관료였으나 중일 전쟁 발발 후, 난징에서 일본군이 수립한 괴뢰 정권의 주석을 역임했다. 중국 국민당 정부가 민족 반역자이자 매국노로 지목해 비참한 말년을 보냈다.

는 곳에는 반드시 중국인이 있다. 끼리끼리 돕고 잘 뭉치는 이들이다.[*] 상가를 지나 시장에 들어서니 포목 과자류는 중국인, 과일 채소류는 원주민의 분야다.

시장을 지나 교외로 나가면 일반인들의 주택이 보인다. 집 주변은 대나무로 기둥을 세우고 암페라로 두른 벽이 에워싼다. 집 구조물 위로 막대를 엮어 서까래를 얹고 빨간 기와에 가는 철사를 꼬아 얽어매어 놓으니 제법 훌륭한 기와집이 되었다. 하지만 하늘에서 소나기라도 내리는 날엔 천장에서 물이 새기도 한다. 방바닥에 깔자리는 아예 필요치 않으며 대나무로 엮은 침대면 족하다.

정오가 되면 남정네들은 낮잠을 잔다. 주택가 주변에는 논들이 있어 논갈이가 한창이다. 머리에 반원형으로 굽은 큰 뿔 두 개가 달린 물소 두 마리가 쟁기를 끌고 나간다. 농부는 쟁기 위에 옆으로 걸터앉아 소몰이를 한다. 매우 편해 보이는 논갈이다. 일이 끝나면 소들은 풀이 우거진 물가에 방치된다. 한 어린 목동이 소의 등에 타고 물장난을 한다. 소는 머리와 등만

---

[*] 인도네시아의 화교는 광둥성 등 중국 남부에서 이주한 이들을 말하며, 현재는 전체 인구의 3~4퍼센트를 차지한다. 이들은 특유의 단결력과 상업 활동을 통해 상당한 경제력을 거머쥐게 되었으며 이 때문에 한때는 인도네시아 정부로부터 극심한 탄압을 받기도 했다.

물 위로 나와 있는데 가끔 머리를 물에 처박고 흔들며 재롱을 부린다.

얼마 후 나와 동료는 수용소 바깥으로 파견 근무를 나갔다. 우리는 버스를 타고 가는 도중 온천이 있는 휴양소에 들렀다. 이곳은 원래 화란인의 별장지이자 관광지로, 테니스장과 당구장 같은 위락 시설도 갖추어 놓았다. 해발 1천 미터에 가까운 높은 산골짜기에 깨끗한 수십 채의 양옥들이 층계를 이룬 채 조금씩 떨어져 있다. 집마다 올라가는 긴 계단과 사다리가 눈에 띈다. 백의용사*들이 천천히 계단을 오르내린다. 휠체어에 의지하여 다니는 부상병들도 보인다. 위병소에 출장 가던 도중에 구경하러 왔다고 하니 온천물에 몸이나 씻고 가라 한다. 오랜만에 더운물에 몸을 씻고 두루 구경했다. 지금 이곳은 장기 치료를 요하는 병사들의 휴양지로 쓰이고 있다. 그중 폐결핵 환자가 가장 많다고 한다. 어디선가는 치열한 전투가 벌어지고 있을 텐데 이곳에선 모두가 평화로워 보인다. 전장과는 거리가 먼 모습이다.

온천지를 뒤로하고, 우리는 1천 7백 미터 고지에 있는 식물

• 부상당한 병사들이 흰색 환자복을 입었기 때문에 백의용사라 불렀다.

원으로 향했다. 도보로 몇 시간쯤 올라갔을까. 좌우에 소나무가 보였다. 조국을 떠난 후 소나무를 보기는 처음이다. 식물원에 들어가니 텅 빈 차고가 먼저 보였다. 옆에는 마구간이 있고 주인 없는 말도 한 마리 보인다. 침실과 주방으로도 들어가 본다. 주인 아닌 주인이랄까? 주방 책임자인 원주민 한 사람이 우리를 반갑게 맞이한다.

마지막으로 우리의 목적지인 사무실로 들어갔다. 젊은 화란인 학자 한 사람이 마중 나와 인사한다. 그의 신분이 포로이기에 우리는 지금 그를 감시하러 온 것이다. 그는 식물의 잎을 따서 가스 불에 말린 다음 표본을 만들고 있다. 그 작업을 이해할 수는 없지만, 꽤나 집중하는 모습이다. 그가 도망갈까 염려도 되지 않았다. 벽에 서양인의 사진이 담긴 액자가 걸려 있어 누구냐고 물으니 유명한 화란인 식물학자라고 했다.

식물원에는 고사리 나무가 20년생 소나무만 하게 자란 것이 눈에 띄었다. 고개를 돌리니 어디선가 목련 향이 났다. 이 식물원에서는 이름도 모를 괴상한 모양의 야자수들과 여러 가지 나무, 약초 등을 재배하고 있다. 열 명 남짓한 원주민 여자들이 김매기를 한다. 이 정도가 이 고지 식물원의 전부인 것 같다.

높게 치켜 보았던 구름이 이곳에서는 몸을 스치며 간단없이 지나간다. 저녁이면 기온이 사정없이 내려가 모포를 두세 장은 덮어야 한다. 낮에는 햇살이 힘을 못 쓰는 듯하나 며칠 지나니 얼굴색이 매우 검어진다. 가끔 멧돼지가 나타나면 총을 겨눌 사이도 없이 도망쳐야 한다. 하루는 마구간에서 말을 꺼내 달려 봤다. 말은 온순했지만, 마음껏 달릴 장소가 없다. 내려갈 때는 수월했지만 올라올 때는 길이 너무 경사져서 말을 다루기가 쉽지 않았다.

　어느 날은 멀리 국도까지 나가서 하루해를 보내기도 했다. 밀림 속에 들어서면 낙엽이 썩은 채로 두껍게 쌓여 있다. 흙을 만져 보기가 어렵다. 하늘은 나무에 가려 보이지도 않고 말 그대로 컴컴한 밀림 속이다. 이 땅의 산은 낙엽과 밀림으로 덮여 있고 들과 해안도 억센 풀과 벌레로 덮여 있다. 낙엽은 사시사철 떨어지지만 새 잎사귀도 사시사철 돋는다.

위안소 11호실

휴일에 부대에 설치된 위안소에 가 봤다. '부대가 가는 곳에 위안소도 간다.'라는 구호처럼 이곳에도 이미 여인 부대가 들어서 있다. 방이 스무 개나 될까. 방을 배정받은 병사들이 들어갈 순서를 기다리고 있다. 준비한 콘돔을 들고 문을 열고 들어가 일을 치른 후 30여 분쯤 지나 다시 방에서 나오는 그들의 안색은 야릇하다.

이곳에 있는 대부분의 여인이 조선인이라는 것을 알았을 때 나는 아연실색했다. 피지배 민족의 비애가 뼛속까지 사무쳤다. 여기까지 어떻게 왔을까? 조선에서는 처녀 징용이라는 말이 떠돌았다. 징용을 당하지 않기 위해 '처녀 조혼'을 하자는 말까지 떠돌았다. 그녀들은 몽골에 끌려간 공녀 신세일까? 부대가 가는 곳에는 보국대 소속으로 징용된 조선 여인들이 반드시 있었다.

물론 군인이 많은 곳에는 원주민, 화교 등으로 구성된 위안소도 있었다. 일본군 입장에서 위안소는 젊은 군인들의 성욕도 만족시키고 사기도 올릴 수 있는 매우 편리한 수단이다. 비인도적인 처사임을 자인하면서도 일본 군부는 이 방침을 고수하고 있다. 그들은 조선인, 대만인, 만주인 또는 현지 주민을 닥치는 대로 차출한다. 물론 어느 항구를 가도 여인이 있고 유곽이 있다. 하지만 황군의 전승을 위하여 희생하는 이 여인들의 모습은 가련함을 넘어 처참해 보였다.

방 안의 침대 곁에 놓여 있는 정체 모를 과자에서는 야릇한 냄새가 난다. 이곳에서는 그녀들이 하늘을 보고 웃으며 광란을 부리면 차라리 그것이 정상일지도 모르겠다. 이 광경을 처음 목격했던 나는 아무리 이해하려 해도 이해할 수 없었다. 아니, 이제는 눈물도 마르고 한숨도 멀어져 버렸다고 하는 게 낫겠지. 하지만 나이 많은 동료 중에는 그녀들과 잘 어울리며 휴일과 근무일을 막론하고 위안소를 자주 찾는 이도 있었다.

포로감시원 대부분은 이국 여인의 낯선 정취를 좋아했다. 내가 온 곳도 원주민 여인의 위안소다. 문간 매표구에 가 보니 뚱뚱한 체구의 일본인 노파가 앉아 있다. 일본에서도 이 방면의 사업에 닳고 닳은 여인일 것이다. 내가 슬쩍 군표*와 표를 바꾼다. 노파가 원주민과 화교 중 누굴 원하냐고 묻는다. 나는 대충 아무렇게나 답을 한다. 그러자 그녀가 말했다.

"사람이 밀렸으니 20분 정도 기다려요. 9호실이요."

표를 받은 후 휴게실로 들어가는 도중 호실을 슬쩍 보고 확인한다. 의자에 앉아 호실 문을 바라보고 있는데, 난데없이 병사 하나가 혁대를 두 손에 움켜쥐고 방 바깥으로 뛰쳐나온다. 곧바로 방 안에서 한 여인이 문을 반쯤 열고 알아듣지 못할 소리를 크게 지르며 울먹인다. 머리는 산발이 된 채 흐트러져 있다. 노파가 방문을 닫고 병사를 쫓아가며 소리를 지른다.

"난폭하게 하면 안 돼요. 난폭하게 하면 안 된다고!"

그러고는 휴게실로 오더니 나에게 말했다.

"오늘 9호실은 틀렸어요. 대신 11호실에 들러요."

• 군대에서 물품을 구입할 때 쓰던 일종의 대체 화폐다.

1942년, 인도네시아가 일본군에 점령당한 이후
조선인을 비롯해 여러 국적의 여성들이 강제 동원되어
전쟁터로 끌려왔다.
당시 부대마다 부속 시설로 위안소를 배치해
두었다고 한다. 위안소는 현재까지 정확히 밝혀진
바는 없으나, 다양한 기록과 조사 결과를 통해
동남아시아 전역에 100여 곳 이상 있었을 것으로
추산된다.

나중에 다른 이에게 9호실의 상황을 흘려들었다. 병사가 여인의 얼굴을 수건으로 가리고 한쪽 발을 묶어 천장에 매달려는 바람에 여인이 놀라 그를 밀어낸 것이라 한다. 잠시 후 11호실로 들어갔다. 여인의 얼굴이 너무 까무잡잡해서 마음에 들지는 않았다. 엷은 원피스 하나만을 걸치고 있었는데 몸이 빈약해 보였다. 테이블 위에는 예외 없이 기름진 과자가 놓여 있었는데 그 냄새 역시나 야릇했다.

"너는 어디 사느냐? 어찌 여기 왔느냐? 몇 살이며 이름은 무엇이냐?"

상투적인 문답이 교환된다. 그녀는 뭐라 뭐라 대답을 하며 손가락으로 원을 만들어 보인다. 나는 그 원의 의미를 바로 이해했다. 그녀가 당장 바라는 것은 팁이다. 돈을 아끼고 싶지만, 내 욕망은 이미 이곳으로 와 있다. 이 같은 이율배반이 나를 괴롭게 했다. 일을 치른 나는 명패 없는 이 부대의 문을 뒤로한 채 숙소로 가는 베짜*를 탔다.

• 당시 인도네시아에서 보편적으로 타던 대중교통 수단으로, 인력거처럼 동력 기관이 아닌 사람의 힘으로 움직이는 자전거 택시를 의미한다. 오늘날에도 볼 수 있다.

자카르타 총분견소로 이동하다

어느덧 가을이 가고 겨울도 지나 여기 온 지도 1년이 넘었다. 기세 좋게 출발한 전쟁이지만 지금은 소강 상태에 빠진 듯하다. 철통같은 진을 꾸려 침입을 막으려는 자와 철통에 구멍을 뚫으려는 자 사이에 산발적인 대치 상태가 지속되면서 여러 가지 안 좋은 조짐도 보인다.

태평양의 깨알만 한 섬들에 적의 집요한 공습이 이어지면서 보급이 제때 닿지 못하고 있다. 이로 인해 수만 명의 병사들이 기아 상태로 허덕이고 더러는 옥쇄*했다는 소식도 들려온다. 수시로 이뤄지는 적의 공습을 피하기 위해 병사들은 참

• 옥쇄(玉碎)란 부서져 옥이 된다는 뜻으로, 명예나 충절을 위하여 깨끗이 죽음을 이르는 말이다. 당시 일본군 수뇌부는 병사들에게 전투에서 패배하면 포로로 잡히는 대신 황군답게 명예롭게 스스로 목숨을 끊도록 강요했다.

호 속으로 들어간다. 공습에도 불구하고 부식을 보충하고 각기병을 막기 위해 바깥에 나가 채소를 재배해야 한다. 그러나 적기는 우리의 상황을 헤아려 주지 않는다. 밤낮 가리지 않고 내습하는 전투기들은 휘발유를 뿌리고 사방에 불을 붙여 버린다. 곳곳에서 사망자가 속출한다.

수송을 위해 기나긴 바닷길을 가야 하는 군수 물자의 보급에도 구멍이 뚫린다. 일본의 공장에서 심혈을 기울여 만든 총포가 효과를 발휘하기도 전에 적기의 습격을 받고 태평양 한복판 깊은 해구 속으로 수장된다. 보급이 끊기자 각 지방의 포로수용소는 해산 후 수도 자카르타로 집결해야 했다. 동시에 포로감시원들은 태국의 철도 건설이나 섬의 비행장 건설 등 노역을 위해 차출되었다.

전쟁터에서 인간 하나하나의 운명은 군 간부들 책상 위 명부에 체크된 점의 형태로 결정된다. 우리도 이곳 말랑 수용소의 철수 작업을 단행한다. 짙은 초록색 상의를 걸치고 가지각색의 배낭을 멘 화란군, 옅은 카키색 군복을 입은 호주군과 영국군, 둥근 테를 두른 모자를 쓴 미군 고문, 뉴질랜드 적십자군, 환자 곁의 완장 찬 사람들을 모두 기나긴 열차 안에 몰아넣는다. 먹여 살려야 하니 당연히 급양 조리 기구도 담아야 한다. 무거운 쇠로 만든 조리 기구는 두 바퀴가 달린 차 위에 찰

미드웨이 해전의 일본군 포로들 1943년 9월경. 진주만 공격 후 이어 가던 일본군의
파죽지세는 미드웨이 해전에서 참패하면서 저지되고, 이로써 태평양 전쟁은 대전환을
맞았다. 이후 과달카날 전투 등 연이은 전투에서 일본군이 패퇴하면서 전세는 서서히
연합군 측으로 기울었다.

싹 붙어 있다. 덜그렁, 덜그렁. 쇠붙이 소리가 요란하다. 수십 대의 조리 기구가 무개 열차에 실린다. 이렇게 불편한 물건으로 밥을 짓고 국을 데우고 하다니. 어느 포로였던가, 이런 말을 한 것이 기억난다.

"일본군은 어딜 가나 손쉽게 쌀을 구하고 밥통으로 금방 익혀 먹지. 하지만 우리는 빵 만들고 수프 끓이는 사이에 시간을 다 빼앗겨 버렸어. 그래서 포로가 된 거야."

수송 열차 안으로 들어가니 서양인들의 체취가 너무 심해 코를 막아야 할 정도다. 냄새를 피해 승강구에 앉아 있으니 열차가 뿜는 매연에 콧구멍이 까맣게 된다. 자카르타로 돌아가는 길에는 말랑으로 올 때와 달리 원주민의 환호성이 없다. 정거장마다 거리마다 일본군만 보면 원주민들이 손을 흔들고 환호성을 질렀는데…. 그런 격렬한 환영을 받지 않으니 기분이 이상했다. 이런저런 생각이 난무하는 가운데 자카르타에 도착한 우리는 총분견소에 수용된다.

총분견소는 자바 섬에 있는 여러 수용소 중에 가장 크고 핵심 기지 역할을 하는 곳이다. 많은 인원이 들어오고 또 나간다. 때로는 적군의 비행사가 낙하산을 타고 내려와 포로가 된다. 그는 매일 헌병대로 조사를 받으러 나갔는데 다시 돌아올 때는 얼굴이 상하고 기진맥진한 모습이었다. 아마 모진 고문을 당한 모양이다. 얼마 전까지 영광스럽던 직위가 하늘에서 땅으로, 그것도 지옥의 불가마 속으로 떨어졌구나 생각하니 연민의 정이 간다.

키가 크고 얼굴이 검으며 다방(터번)을 쓴 병사들도 들어온다. 인도, 버마 국경의 전선에서 항복한 인도군이다. 그들은 불과 이삼백 명인데 음식 문제로 항의가 많다. 이유는 당연히 종교다. 돼지고기는 먹는데 소고기는 안 먹는단다. 또 어떤 이는 밀가루는 먹지만 쌀은 안 먹는다. 다른 이는 전은 부쳐서 먹는데 밥은 안 먹는다 한다. 음식 문제가 정말 복잡하다. 그들의 식사라고 하는 전을 한 조각 떼어 맛을 보니 매운 고추와 밀가루가 반반 섞여 있어 입을 떼어 갈 지경이다. 그들은 소수 인원인데도 취사장은 서너 군데로 갈렸다.

거대하게 포장을 둘러치고는 울긋불긋 각색의 천 자락을 늘어놓고 촛대 같은 것을 세운다. 그 가운데에는 그들의 신을 안치한다. 무릎을 꿇고 예배와 기도를 열심히 할 때는 주변에서 총소리가 나도 아랑곳하지 않는 경지에 이른다. 종교가 민족 발전에 큰 장애물이라는 말은 이런 상황을 이야기함인가.

"그래, 이 전쟁은 빨리 끝나야지. 당신은 코리아 사람이지?"

나는 당황했다.
그들은 우리 국적을 알고 물은 것일까.
그러나 나는 단호히 대답했다.

"아니다. 나는 일본인이다, 일본인."

그렇게 대답하고 나서 나는 약간의 죄책감을 느꼈다.
나의 민족을 속이고 살아야 한다니….

2장.

급박해지는 전선

수마트라행 포로 수송선의 침몰

우리 모두의 일상은 단말마(斷末魔)를 코앞에 둔 삶이다. 내일을 기약하는 것은 불가능하다. 저녁 무렵, 포로들의 대표자가 관리소 사무실을 다녀오더니 명단이 적힌 길쭉한 조의를 읽는다. 호명된 사람들은 내일 출발할 예정이니 소지품을 준비하고 새벽 두 시까지 식사를 마치고 대기하라는 명령을 내린다. 행선지와 이동 목적은 전혀 알 수 없다.

군대의 이동은 적기의 피습을 막기 위해 주로 밤에 행해진다. 새벽이 되어 부두에 나갔는데 배가 선창에 닿아 있는 것을 보고 비로소 밖으로 간다는 것을 실감할 수 있었다. 이번엔 또 어디일까? 싱가포르 혹은 태국인가? 아니면 어느 이름 모를 섬인가?

화물선 적재 칸으로 몰리자마자 더위가 엄습한다. 감시병이 칸 안에 들어오려다 코를 찌르는 듯한 각종 냄새에 도망쳐 버린다. 나는 이 배가 인근 수마트라 섬으로 간다는 것을 가까스로 알아냈다. 그렇다면 고생스러운 선실 생활은 길지 않을 것이다. 하룻밤을 머물자 갑판 출입이 통제된다. 해상에서 불의의 사고가 발생할지 모르기 때문이다. 17세기 해적선이 횡행할 무렵, 배를 습격해 많은 대포를 나포했는데 귀환하는 중에 다시 배를 점령당하면서 대포를 뺏겼다는 일화가 생각났다.

정오쯤 되었을까. 천지가 떠나갈 듯 '꽝!' 하는 소리가 들리면서 진동과 함께 배가 온통 아수라장이 된다. 배는 뒤뚱거리며 조금 나아가다가 뱃머리부터 급히 기울기 시작한다.

"바다로 뛰어라! 멀리 피해!"

누군가가 외치는 명령이 들린다. 구명 통을 챙긴 자, 챙기지 못한 자, 총을 든 자, 들지 않은 자, 구속을 받던 자, 감시를 하던 자, 배 위에서 고사포를 담당하던 자, 배기관을 담당하던 자, 주방을 보던 자, 운전자, 선장 할 것 없이 전부 바다로 뛰어든다. 이 순간은 상하도 귀천도 없다. 속박자도 피속박자도 없다. 오직 하나의 염원만이 있을 뿐이다.

몇 분 지나지 않아 선체는 완전히 가라앉고 흰 물결만 무섭게 소용돌이친다. 주변에 크고 작은 물체들이 많이 떠 있다. 바다 위에 뛰어든 자들은 지푸라기라도 잡아 보려고 안간힘을 쓴다. 나는 구명 통을 제대로 메지는 않았지만, 손으로 끌어내려 어깨 밑에 껴 보니 부력 때문에 고개가 더 올라간다. 정말 다행이다. 이제 판자 조각이라도 하나 붙잡으면 안전하겠지. 주위를 둘러보니 판자 하나에 많은 이의 손이 엉겨 붙어 있고 한두 사람은 그 위에 타고 있는 모습도 보인다. 무엇인지는 잘 모르겠지만 커다란 물건 하나에 의존한 채 다닥다닥 붙어 있는 머리들도 보인다.

바다는 잔잔하다. 어렸을 때 헤엄이라도 쳐 본 것이 천만다행이다. 고개를 흔들고 손을 저으며 사방에 물을 튀겨 대는 사람도 보인다. 헤엄을 못 쳐 사경에 이르는 순간을 처음 목격한 것이다. 그렇게 30분이나 있었을까. 아군 비행기 하나가 해면을 스치듯이 돌아 지나간다. 비행기를 쳐다보면서 살려 달라고 애원하는 마음이 간절하다. 다시 정신을 차려 보니 멀리 높은 산이 보인다. 그 산은 배에서 볼 때부터 거기 있었다. 그렇다면 여기는 뭍에 가까운 영해일 것이다.

바다 위는 잠잠했다. 바다에 빠졌을 때 추위를 느끼고 잠이 오면 죽는다고 한다. 나는 정신을 차리며 잠들지 않기 위해 안

격침된 일본 수송선 1944년 9월, 포로들을 싣고 자카르타에서 수마트라 섬 파당으로
향하던 양순환호는 영국 잠수함에 의해 침몰했다. 일본군이 동남아 전선 곳곳에서
패전하면서 일본군 점령지는 점차 연합군 수복지로 바뀌어 갔고, 이로 인해 포로감시원들
역시 다른 곳으로 끊임없이 이동하며 재배치 및 근무를 해야 했다.

간힘을 썼다. 눈앞에 가까이 보이는 사람은 포로인 듯했다. 더 가까이 가서 서로 의지하자고 다짐하며 그쪽으로 헤엄쳤다. 그는 내 쪽으로 헤엄치지 않았다. 하지만 상어라도 달려들어 나를 해치려 한다면 나는 비명을 지를 테고 그러면 그가 달려오겠지. 잠깐 생각했다. 또한 그가 위급하면 내가 달려가서 돕겠지. 별의별 이상한 생각을 다 했다. 지금은 가까이 있으면 적이 되고 떨어지면 구원자가 되는 희한한 상황이다. 그러는 사이 뒤에서 물결치는 소리와 함께 조선말이 들려온다.

"누구냐!"

뒤를 돌아보니 동료였다. 판자 하나를 밀면서 내 곁으로 접근해 왔다. 우리 둘은 손으로 판자를 잡고 의지했다. 두 사람이 동시에 붙잡자 판자는 물속으로 조금 가라앉아 버렸다. 안전할 확률이 반감된 것이다. 그러나 우리는 서로에게 굉장히 의지가 되었다. 말을 나눌 수 있는 동료이기 때문이다. 게다가 구명 통 덕분일까. 손발을 자주 흔들지 않아도 물 위에 뜰 수 있었다. 그러나 작은 물결이 입가와 눈가를 스치며 짠내를 풍긴다.

"너도 쇠망치는 아닌 모양이다."

"나 헤엄 좀 쳤어."

"열대 바다이기에 망정이지, 아니면 얼어 죽을 뻔했다."

"상어는 오지 않겠지?"

"구조선이 곧 올 거야."

"하긴 여기는 육지와 가까운 바다니까."

"그럼, 아까 비행기가 다녀갔으니…. 구조선은 꼭 오겠지!"

그러나 배는 좀처럼 보이지 않는다. 지루한 시간이 지나간다. 우리는 하염없이 육지 쪽만 바라보았다. 한 손, 한 발이라도 더 움직이고 내저을 때면 무의식중에 눈이 육지 쪽을 향한다. 소용없는 짓임을 알면서도 말이다. 우리는 가끔 판자에서 손을 떼고 헤엄도 쳐 본다. 이제 눈앞에 보이는 산은 가까운 것 같기도, 먼 것 같기도 하다. 또 지루한 시간은 흐르고 침묵이 계속된다. 침묵이 계속되면 걱정은 커지게 마련이다.

"적의 잠수함이 떠올라 와서 마구 쏘아 대면 어떡하지."

"조금 전에 비행기가 다녀갔으니까 괜찮을 거야. 비행기는 폭뢰를 마구 쏘아 대니까 잠수함이 맥을 못 쓰거든."

그러는 사이에 또 비행기가 날아와 저공으로 우리를 스쳐 간다. 너도나도 손을 흔들어 댄다. 비행기는 한 바퀴 획 하니 멀리 돌다가 다시 스쳐 온다. 헤어졌던 어머니를 만난 기분이 다. 안도의 기운이 감돈다. 그러나 실제로 얻은 것은 아무것도 없다. 비행기가 지나간 뒤는 또다시 고요가 계속된다. 이와 같이 지루하고 절실하게 무언가를 기다려 본 적은 없었다. 물론 타고 가던 배가 어뢰를 맞아 바다에 뛰어든 적도 없었지만.

갑자기 큰 함성이 나길래 먼 곳을 바라보니 배 한 척이 눈에 띈다. 얼마 후 또 한 척이 나타났다. 배는 점점 커졌다. 드디어 큰 물건이 되어 눈앞에 검은 절벽처럼 나타난다. 배에서 로프를 던지고 사람들을 끌어올린다. 로프를 붙잡고 간신히 배에 탔을 때에야 '아, 이제야 살았구나!' 하는 기분이 들었다. 바닷물에 절어 버린 군복을 벗고 새 옷을 한 벌 얻어 입었다. 물론 포로들에게까지 새 옷이 돌아가진 않는다. 그들은 옷을 짜 말리며 야단법석이다.

석양이 되어 어두컴컴할 무렵 드디어 상륙했다. 그제야 끼리끼리 패를 지어 점검을 하니 가까이 지내던 동료 두 명이 보이지 않는다. 총 삼십여 명이 실종되었다고 한다. 산 사람의 입장에서 동료의 죽음은 슬픈 일이지만, 지금은 내 목숨을 건졌다는 게 더 중요하다. 이튿날 우리는 포로들을 접수하러 온 부대에 넘겨 주고 이틀 동안 더 기다리다 석탄을 때는 배를 타고 다시 자바로 향했다.

갑판에 트랩을 내려 밑을 내려다보니 석탄을 넣고 있는 화부가 보인다. 얼굴이 시커먼 화부는 팬티만 입은 채로 간헐적으로 삽질을 한다. 몸뚱이가 새까매 흑인인지 황인인지 도대체 분간할 수 없다. 훨훨 타는 불빛이 그의 몸 전체를 비춰 준다. 갑판에서 불어온 바람이 담뱃대 모양의 풍통을 통해 안으로 잘 들어오고 있는 모양이다. 한 삽, 또 한 삽. 그의 움직임은 기계적이다. 만일 저 화부나 기관사가 땀을 흘리지 않으면 이 배는 가지 못하겠지. 그들은 배의 제일 밑바닥에서 신음하듯 노동을 한다.

어제처럼 습격당해 배가 침몰하는 날이면 저들은 어찌 될까. 비상 신호는 잘 전달될까. 이 많은 계단을 언제 올라와서 바다에 뛰어든단 말인가. 쓸데없는 걱정을 해 본다. 갑판을 오르내릴 때 마주치는 그들의 얼굴은 진지하고 두 입은 항상 꼭 다물어져 있다. 그들은 자신의 노동이 하늘이 준 천직이라고 생각할지도 모르겠다.

돌아오는 배 위에서 우리는 실종된 두 동료에 대해 이야기했다. 그중 한 명은 이곳에 온 후 진기한 사물 모으기에 열중했다. 외출할 때마다 무엇인가 되는 대로 전부 사들였다. 어디를 가나 그의 배낭은 남의 것보다 배나 컸고, 한 손에는 늘 커다란 트렁크가 들려 있었다. 이 때문에 그가 걸을 때면 곁에 있던 포로가 수고해야 했다. 쉬고 있을 때마다 그는 물건들을 꺼내어 다시 정리해 넣기 바빴다. 이번에도 출장 갔다 곧 돌아올 터이니 물건은 가져갈 필요가 없다고 동료가 말했으나, 그는 어디로 갈지 누가 아냐며 물건들을 모두 챙기고 나섰다. 배가 어뢰에 맞아 모두가 바다에 뛰어들 때 그는 "내 물건! 내 물건!"하면서 소리를 질렀다고 한다. 그 후 그의 행적에 대해 아는 사람은 없다. 동료들은 육중한 몸집의 그가 짐 꾸러미를 끌어안고 있다가 물결에 휩쓸렸을 거라고 결론 내렸다. 그 후 우리가 바다 이야기를 할 때면 "내 물건! 내 물건!"이라는 말이 자주 입에서 오르내렸다.

일반인을 억류소로 몰아넣다

듣자 하니 일선에서의 전투 상황이 유리한 쪽으로 가지 않는 모양이다. 이곳에도 가끔 느닷없이 공습 경보가 울린다. 어디에 적기가 나타났는지는 통 모르겠다. 경보가 울리면 아군기가 출동하고 야간에는 서치라이트가 공중을 비추기도 한다.

포로들에 대한 급양도 암암리에 전보다 줄었다. 의복 같은 소지품은 그나마 가진 것도 마모되어 버리는데 세탁 비누 몇 개 외에는 새로 공급되는 것이 거의 없다. 담배는 수용소 내에 제조 공장이 있어 사정이 좀 낫다. 최하급의 엽연초를 손으로 말아 배급한다. 포로들 내부에 자체 극단이 있어 간혹 무대 공연 등을 올리곤 했는데 배가 고파서인지 얼마 지나지 않아 그것도 중지되었다. 다만 예외적으로 밴드부 대원 몇몇이 석양 무렵 뜰에 나와 연습하는 모습을 볼 수 있게 해 줬다.

우리는 간혹 낡은 가방이나 책보 곁에 약간의 소지품을 늘어놓고 검사를 실시했다. 검사 목적은 분실품 점검이 아니라 흉기 같은 금지품이 있는지 살펴보는 것이다. 검사를 해 봤자 그게 그것이기에 대충대충 해치운다.

포로들은 모든 것을 자율적으로 하기 때문에 우리가 성가실 일은 없다. 물을 나를 일이 생기면 일렬횡대로 서서 손에서 손으로 양동이를 옮겨 나르게 시킨다. 이들은 어디서나 군소리 없이 줄지어 서는 것이 습관이 되어 버렸다. 그러니 재촉하거나 꾸짖을 필요는 없다. 그들은 가진 능력 그대로를 성실하게 행한다. 현지의 일본어지《자바신문》은 어느 장성의 담화를 이렇게 기록했다.

"포로들에게 철모의 갓을 접는 일을 시켰다. 처음에는 하루에 칠십에서 팔십여 개를 접다가 다음 날에는 백 개, 그다음은 백삼십 개, 또 백오십 개를 계속했다. 본국이나 만주 등지에서 그런 일을 시켰을 때 직공들의 능률은 처음엔 백삼십에서 백사십여 개였지만 그다음부터는 백 개 내외를 계속했다. 직공들은 감독자가 보이지 않으면 꾀를 피우기 일쑤다. 이 같은 포로들의 태도를 볼 때 적국민으로서 마땅히 대적할 만한 국민이라고 본다."

쓸쓸한 이야기다.

신문은 날마다 특공대 적함 적침, 옥쇄 등의 기사를 보도했다. 항복과 투항은 일본군에게 있을 수 없는 일이다. 그러나 그 이면에는 고전의 참상이 역력하다. 인도와 버마 국경의 고투, 태평양 고도의 옥쇄, 본국과 동남아 지역의 보급 장애, 일본 본토에 대한 집요한 공습 등 승리를 위협하는 어두운 그림자가 드리워진다.

군 수뇌들은 적개심 고취, 적성 국민 억압이 전승에 필요한 조치라고 생각했다. 또 적국에 거주하는 동포들의 억압에 대한 보복 조치라고 판단했는지, 이곳 적성 국민 비전투원에 대한 억류 조치를 대대적으로 단행했다. 일정한 거주 지역을 지정하고 주변에 철조망을 둘러 1만여 명씩 밀집 거주를 시켰다. 적성 국민 10퍼센트 이상에서 출발해서 차츰 시일의 경과에 따라 70퍼센트까지 늘린다. 10세 이하의 아동, 부녀자 들은 남성들과는 별도의 억류소에 수감된다. 가옥 하나당 일고여덟 세대 또는 그 이상의 가구가 거주해야 했기에 그들의 거처는 매우 비좁아졌다. 일일이 분배를 받는 공동 취사 형태로 식사가 결정되면서 포로수용소 내 생활이나 억류나 큰 차이가 없어져 버렸다.

이들은 일본군이 상륙한 후, 남편과 직업을 잃고 홀로 자녀

#2

일본군은 인도네시아 점령 직후에는 네덜란드인의
기초적인 자치를 허락하고 외출입을 비교적 자유롭게
관리했다.
그러나 1942년, 전황이 불리해지며 이들을
한 공간에 억류하는 조치를 대대적으로 시행했다.
초기 2천여 명에서 시작해 전쟁이 끝날 무렵에는
1만여 명 이상이 억류되었다.
포로수용소와 다름없는 이러한 처우로 민간인
사망자가 다수 발생했고, 이는 종전 후 조선인
포로감시원들이 전범 용의자가 되는 결정적인
원인으로 작용했다.

(EN)	NAME (KOREAN)	AGE	UN IT DESTINATION	NAME(IN JAPAN
A Hokon	Lee Bo Kwan		P.O.W.Chang Lim	李山豊炫
Junchin Su		"	Kyong Ki	利川仁録
Tatsuryu Choi Tai Kyong	25	"	Kyong Nam	高山連龍
nichi	Chang Du Mon	27	"	Jun Nam	玉岡大平
Cho	Kang Ri Sung	26	"	Chung Nam	菱村鎮尚
oshoku	Min Chang Sik	28	"	Kyong Ki	上原志植
Tatsuyoshi Choi Qwo Suk	34	"	Chung Nam	梅原光善
Norihitsu An Sung Ho	29	"	Kyong Buk	安本守助
Yoshinuk Ryu In Tak	28	"	Jon Buk	柳村在弘
teten	Sin Young Chul	28	"	Jon nam	金田永徹
Chishu	An Cri Song	27	"	Kyong Nom	安本政和
Siu	Choi Yung U	25	"	Jun Buk	山斉崇宇
Mang	Choi Yung P	34	Nakolehiryong Ki	山本英志

를 부양해야 하는 고통의 나날을 지새웠다. 그래도 자전거를 타고 친지를 방문하고 시가지를 돌아 보금자리에 돌아오는 자유 정도는 있었다. 평화가 올 날만이 그들의 유일한 희망이었는데, 이제 설상가상으로 억류소에 갇힌 신세가 된 것이다. 그다음으로 무슨 격변이 몰아닥칠지는 누구도 예상하기 어렵다. 우리처럼 패잔 민족의 서러움이 뼈에 사무칠 것이다.

일본군 장교와 몇몇 인원이 포로수용소에서 파견되어 억류소 관리를 한다. 매일 트럭에 실려 오는 쌀 혹은 빵 부식품과 채소류가 그들의 젖줄이다. 어찌 되었든 건강 관리를 잘하고 끝까지 살아남아야 부모, 자녀와 상봉할 수 있을 터. 이들이 믿는 신, 하느님을 향해 절실하게 기도하고 있을 것이다.

몇 달이 지나고, 한 해가 지나는 동안 이들의 체중은 형편없이 줄어들었고 아이들의 건강도 매우 나빠졌다. 날마다 노약자와 병든 아이들이 몇 명씩 죽어 나간다. 시체가 트럭에 실려 정문을 떠나는 것이 매일의 일상이 되어 버렸다. 대수롭지 않은 병도 의약품이 없어 치료를 못하니 사망자가 속출한다.

하루는 트럭이 빵을 싣고 정문을 지나 수용소 안으로 들어왔다. 차가 멈추자 운전석 옆에서 일본군 장교 한 명이 내렸다. 이곳 치뎅(Tjideng) 억류소 소장, 소네 켄이치 대위다. 장화를 신었고, 손에는 긴 일본도를 들었다. 키는 왜소하고 얼굴은 작은 고양이상이다. 차 곁으로 달려온 아이들과 여인들은 그를 물끄러미 바라보기만 할 뿐 경례를 하지 않았다. 그는 화가 치밀어 소리쳤다.

"군인을 보면 경례를 하라고 지시했는데, 경례를 안 하다니 일본군을 뭘로 보는 거야!"

그가 순시할 때 경례를 안 하거나, 주변 오물을 치우지 않았거나, 물건이 제자리에 있지 않으면 바로 날벼락이 떨어진다. 체벌이 가해지는 것이다. 포로들에게 절을 받는 것이 그에게는 매우 유쾌한 일인가 보다. 그 행동이 항복자의 표시이기도 하지만, 동시에 절을 받으며 왜소한 체구에 괴상한 얼굴을 한 자신이 우월하다고 느끼기 때문이리라. 부녀자들은 그를 보고 '소네 고양이'라 불렀다. 그는 부하들에게도 늘 변덕을 부렸다. 간혹 기분이 좋을 때는 과찬을 하기도 한다. 우리 중에 말레이어를 제일 빨리 배웠던 동료 이병춘은 그에게 느닷없는 봉변을 당했다.

교통망 개척을 위한 포로들의 대이동

자카르타 포로수용소 제 1 분견소에서는 수시로 포로들을 차출해 어디론가 이동시켰다. 나는 수백 명의 인원을 배에 태워 도로 건설을 위해 근처 수마트라 섬으로 이동시키는 임무를 맡았다. 수송선은 믈라카 해협을 지나 동부 수마트라에서 섬을 가로지르는 큰 강을 거슬러 올라갔다. 수마트라는 섬이라고는 하지만 인도네시아에서 보르네오 다음가는 큰 땅으로, 한반도보다 조금 넓다. 3천 미터 이상의 높은 산들이 등뼈를 이루고 있고 북쪽으로는 끝없는 대평원이 펼쳐진다. 면적에 비해 인구 밀도는 낮고 교통망은 미비하다. 반면 자바 섬은 비좁고 산이 많은데도 인구가 밀집되어 있다.

수마트라의 호랑이는 사람을 해치기로 유명하다. 행군하면서도 호랑이의 습격에 대비해야 한다. 조그마한 수송선이 강

어귀에 들어섰다. 육지는 보일 듯 말 듯하다. 강은 바다와 구분하기 힘들 정도로 넓다. 수면은 거울마냥 반들반들해 물이 흐르는 것은 느낄 수 없다. 호수에 뜬 배라고나 할까. 바람은 잔잔하고 평온하기만 하다.

꼬박 하룻밤이 걸려 서서히 거슬러 올라가니 양편으로 뭍이 가까이 보인다. 인가는 찾아볼 수 없고 빼곡히 우거진 숲이 있을 따름이다. 아주 드물게 가옥 몇 채와 배를 대는 발판 같은 것만 보인다. 보트보다 작은 배도 하나 보였다. 고기를 잡고 사는 어부의 것일 게다. 썰물과 밀물이 없어서일까? 홍수가 없어서일까? 강 양쪽에는 숲이 가득 차 있고 물은 안정된 유속으로 흐른다. 풍부하고도 평온한 자연 상태다.

나무를 오르내리는 원숭이 무리가 장관이다. '낄낄' 높고 낮은 소리를 내며 서로 쫓아다닌다. 원숭이들도 우리처럼 생존 경쟁에 분주한 모양이다. 그 수가 얼마나 될까. 눈에 보이는 놈들만 해도 끝이 없다.

여기 수마트라 섬에서는 사람을 찾아보기 정말 힘들다. 배는 대안*의 나무가 손에 잡힐 듯 가까이 사흘을 거슬러 올라간다. 이제는 풍경도 슬슬 단조로워진다. 이곳은 아마존 강 유역

• 대안(對岸)이란 강, 호수, 바다의 건너편에 있는 언덕 기슭을 의미한다.

의 미개척지를 연상하게 한다. 하긴, 일본군은 지금 이 기다란 섬에 남북으로 도로를 뚫고 옆으로는 지선을 만들어 교통망을 개척하려고 한다. 군사 전략상의 목적 외에도 이 끝없는 정글을 옥토로 바꾸어 비좁은 본국에서 이민을 시키려는 의도도 있다. 게다가 섬 남쪽 팔렘방(Palembang)은 석유가 보물처럼 쏟아지는 곳이다. 이 전쟁에서 낙하산 부대가 유전을 탈취한 것은 초전에 일본군이 심혈을 기울인 작전 중 가장 의미 있는 수확이었다.

배는 깊숙이 들어만 가고 강폭은 점점 좁아진다. 5백 톤은 더 되어 보이는 배가 이 좁은 강에서 돌아설 수나 있을까 걱정된다. 내 염려를 알았는지 배는 조금 가다가 멈춘다. 30분쯤 좁은 길을 따라가니 엉성한 집들 수십 채가 모여 있는 소도시가 나온다. 아니, 도시라기보다 하나의 큰 촌락이라고 하는 게 적당하겠다. 정글 속의 외로운 고도라고 할까. 지금 우리 입장으로 보면 개척의 거점인 것이다.

이곳에서 삼백 명쯤 되는 포로를 일본군에게 인도한다. 자원과 물자는 수운으로 운반하고 여러 곳의 거점에 도로를 개설하면 단시일에 섬 위아래를 관통할 수 있다. 삽과 괭이, 톱 같은 도구와 포로들의 노동력이 개척에 이용될 것이다. 그러나 유사 이래 톱과 도끼가 들어간 적이 없는 밀림의 거목은 사

수마트라의 페칸바루(Pekanbaru) 철도 공사를 위해 동원된 포로들 포로들은 무덥고
습한 환경 때문에 이질, 말라리아에 걸리기 십상이었으며 부족한 급식으로 영양실조에도
쉽게 걸렸다. 게다가 포로 처우에 무지한 일본군이 이들을 강제 노역에 마구 동원하면서
사망자가 속출했다. 공사 중에 대규모의 포로 사망자가 발생해 '지옥의 철도'라 불렸다.

람 뜻대로 되지 않는다. 나무뿌리를 제거하고 흙 한 삽 뜨기조차 큰 힘이 든다.

그러나 이들은 산을 넘고 개울을 건너 다리를 놓아야 한다. 배가 고프면 전쟁을 못한다고 하는데 무엇보다도 보급이 문제다. 수로를 통한 보급은 믿기가 어렵다. 많이 먹어야 일도 잘하는 것인데, 앙상한 몰골의 포로들이 일을 얼마나 할 수 있겠는가. 일이야 일단 부릴 순 있겠지만, 이들에게 먹일 주식과 부식물의 공급에는 배나 차를 동원해야 한다. 보급 물자를 가득 실은 수많은 배가 폭탄이나 어뢰를 맞고 침몰하는 것이 지금의 상황이다. 그럼에도 군부는 전략상 도로망을 깔아야 한다고만 한다. 포로들은 이 전략을 위해 끝도 없이 착취당할 뿐이다. 그들의 생사는 순조로운 보급에 달렸겠지만 우리는 그 진실을 외면하며 배를 타고 돌아온다.

귀환로에서도 원숭이 떼와 독수리들이 캑캑거리는 소리는 여전하다. 대자연의 흐름은 인간사에 아랑곳하지 않고 진행된다는 뜻일까? 평화만이 깃든 끝없는 정글이다. 그리고 그 속에는 태곳적부터 이어 온 동물과 곤충들이 생태를 형성하고 있을 것이다. 그것들이 우리의 활동 때문에 수난을 겪을지도 모르겠다. 발 달린 것은 깊숙한 산으로 쫓겨날 것이고 그렇지 못한 것들은 불태워지거나 땅에 묻힐 것이다. 그 후엔 두 발로 서서 걸어 다니는 새로운 원숭이*들이 이곳에 들이닥칠 것이다. 이 동물들은 밀림 속 나무들을 마구 베어 버리고 먼 곳까지 훤히 보이는 들판으로 만들어 버릴 것이다. 그것이 인간이 말하는 개척인가 보다.

하구를 벗어나 인도양과 태평양의 경계인 믈라카 해협에 접어든다. 싱가포르에 도착한 후엔 큰 배를 기다리기로 한다. 이곳에서 가장 높은 16층짜리 대동아극장 건물은 이 도시의 상징과도 같다. 시간을 내어 극장에서 영화 관람을 했지만 끝까지 보지는 못했다. 빈대가 마구 쑤셔 댔기 때문이다. 밖으로 나와 몇 마디 손끝으로 빈대를 눌러 죽이자 뻘건 피가 나오고 냄새가 지독하다. 전투와 독가스전을 함께 치른 느낌이다. 갑자기 허기가 져 건물 아래층 식당에 앉아 먹을 것을 주문한다. 국수 한 그릇만 판다는 안내문을 미처 보지 못했는데 생각할 틈도 없이 국수 한 그릇이 나와서 순식간에 후루룩 먹어 치운다.

해변의 넓은 도로를 따라가 보니 동상 하나가 우뚝 서 있는

• 여기서 말하는 원숭이는 영장류, 즉 인간을 의미하는 동시에 서양인이 일본인을 향해 멸칭으로 사용했던 원숭이라는 의미도 있다. 중의적 표현이다.

당시 싱가포르는 인도네시아 전역을 지배했던
네덜란드가 아닌 영국의 식민지였다.
화교를 탄압하던 네덜란드와 달리 영국은
이들의 상업 활동을 용인했고, 이를 통해
싱가포르는 1940년대부터 동남아시아 최대의
무역항으로 번영했다.
동시에 영국군의 아시아 최전선 기지이기도 했다.

데 가까이 가 보니 야마시타 대장*의 상이다. 작은 키에 긴 칼을 차고 바다를 응시하고 있다. 그 길로 박물관에 가 보니 어느 영국 장군의 동상이 몸에 딱 붙는 옷을 입고 한 손을 치켜든 채 서 있다. 야마시타 대장이 서 있는 자리에 있다가 얼마 전에 이곳으로 옮겨 온 것이라 한다. 옛적의 영웅도 박물관으로 옮기니 지금은 패장이 된 것만 같다.

시멘트 포장길을 따라 야트막한 언덕에 자리잡은 영국풍 주택지가 우리 숙소가 되었다. 드문드문 서 있는 야자나무 그늘 밑에 목조로 된 2층짜리 조그마한 주택들이 적당한 거리를 유지하고 늘어서 있다. 나무에는 빈틈없이 페인트칠이 되어 있고 마룻바닥의 촉감이 제법 경쾌하다. 눈앞의 파란 바다와 대안의 초록색 언덕 사이를 조그마한 배들이 심심치 않게 지나간다. 해풍이 선선하게 불어온다. 자바에서나 여기서나 부채는 필요하지 않고 본 적도 거의 없다. 부채가 일으키는 정도의 바람이 늘 불어오기 때문이다.

---

* 태평양 전쟁 초기 승전을 거듭한 일본군 지휘관 야마시타 토모유키(山下奉文)를 지칭한다. 그는 1942년 2월 영국군 동양 함대를 궤멸시키고 싱가포르를 탈취하면서 전쟁 영웅으로 떠받들어졌다.

하푸카스 여인과의 만남

싱가포르 인구는 백만 명 정도 되는데 그중 절반 이상이 화교라고 한다. 중국 남부 광둥성 근방에서 예부터 흘러 내려 온 화교들은 직업 또한 다양하다. 우선 거상에서부터 시장 상인, 노점상, 행상까지 다양한 상인들이 있다. 운전기사, 인력거꾼, 사무원, 막노동자 쿨리, 항해사, 어부, 뱃사공도 대부분 화교다. 장개석 정부의 연락책에서 브로커, 밀정까지 각양각색의 화교들이 이곳에 산다.

원주민인 말레이인 외에도 인도인, 각 나라 백인들이 싱가포르에 살지만 화교는 능력 면에서나 수적으로나 단연 우세하다. 그들은 자신의 언어와 의복, 관습을 절대 버리려 하지 않는다. 상가의 간판은 한자로 크게 쓰여 있다. 짜리몽땅한 화교 여인들의 큰 말소리에 귀여움이라고는 없다. 주방 앞치마와 닮은 남색 치마에 어정어정하게 다니는 걸음걸이는 서양 여인과 같은 세련미가 없고 답답하기만 하다.

싱가포르에 체류한 지 보름이 지났다. 다리가 무겁고 걷기가 힘들다. 생채소를 먹지 못해 각기병*에 걸린 것이다. 식사 때마다 건조된 채소로 끓인 국물이 지급되는데, 일본에서 가져왔다는 이 말린 풀더미는 말 따위에게나 먹이면 좋으련만…. 누굴 원망하랴. 의사는 빨리 이곳을 떠나는 것이 치료에 좋을 거라고 한다.

싱가포르는 섬의 도시다. 북쪽 조호르바루*까지 다리가 놓여 말레이반도와 육로로 연결되어 있으나 반도의 농산물 생산량도 변변찮기 때문에 대외 의존도가 매우 높다. 게다가 지금의 이 난리에는 병참항으로도 제 기능을 하지 못하고 있다. 동서남북 사방의 전선에서 군수 물자의 수요는 늘고 있지만 보급은 뒤따르지 못하는 상황이다. 그러니 군인이 아닌 군속 따위를 어찌 풍족하게 먹이겠는가. 다시 자바 섬으로 가는 게

- 비타민 B가 부족해 생기는 질병으로 말초 신경에 장애가 생겨 다리가 붓고 마비되는 증상을 보인다. 당시 일본군 병사, 포로감시원, 포로 등은 지위와 신분을 막론하고 영양 상태가 좋지 않아 각기병을 비롯한 다양한 질병에 시달렸다.
- 조호르바루(Johor Bahru)는 말레이시아 조호르 주의 주도다. 싱가포르와 마주한 말레이시아의 국경 도시로 오늘날까지도 두 나라를 잇는 중계지 역할을 한다.

낫겠다고 생각하니 다리도 한결 가벼워진 느낌이다.

　얼마 후 자카르타 제 1 분견소로 귀환했다. 귀환길 내내 머릿속을 맴돈 것은 각기병을 해결하는 방법이었다. 하지만 식사 문제로 가장 고통받는 이들은 포로다. 육식을 좋아하는 서양인 포로들이 마지막으로 고기 맛을 본 것이 언제인지는 기억도 안 난다.

　어느 날 냇가에서 갈대를 쳐내는데 돌연 네발로 기는 도마뱀 한 마리가 물로 뛰어들어 사라져 버렸다. 머리는 주먹만 하고 배통은 큰 가마솥만 하며 꼬리 길이가 한 발*이 넘는 무시무시한 놈이었다. 긴장한 포로들이 결국에는 한 마리를 노획해 수용소로 돌아갔고 그 고기를 불에 구워서는 잘 먹었다고 들었다. 우리는 웃어 댔다.

　"저 자들은 엄청 배가 고픈가 보지. 뱀을 다 잡아먹고……."

　수용소에는 식용으로 기르는 염소들도 있다. 하루는 이들을 먹일 나뭇잎을 따기 위하여 리어카를 끌고 대여섯 명의 포

•* 길이의 단위. 두 팔을 양옆으로 벌렸을 때 한쪽 손끝에서 다른 쪽 손끝까지의 길이를 의미한다.

로들과 주택가로 나갔다. 우리는 이 일을 '감빙 마가낭*'이라고 부른다. 감빙 마가낭은 요즘 우리 일과다. 아무 집에나 들어가 나뭇잎을 따고 리어카에 채우면 으레 여주인은 우리더러 음식을 대접해도 되느냐고 묻는다. 좋다고 하면 과일이나 빵, 연유와 커피를 물에 풀어 내온다. 포로들과 우리가 동시에 접대를 받는다. 포로들은 오랜만에 좋은 음식을 맛보고 인정이 오가는 대화를 나눠 좋고, 우리도 좋은 대접을 받으니 나쁠 것은 없다. 다만, 그들의 화란어 대화가 무슨 내용인지 우리로서는 전혀 알 수 없다.

이러한 상황이 상당 기간 계속되었다. 과부들만 모여 사는 이 가정들에는 수입이 없다. 그래서인지 여인들의 얼굴에는 포로들에게 육류를 충분히 대접하지 못했다는 아쉬움이 더러 남는다. 누군가는 안방에서 부군이나 아들의 사진을 가지고 나와 우리에게 보여 준다. 대개 남편과 아들의 복장은 군복이다. 주로 해군이 많고, 전사했거나 포로가 되었지만 행방을 알 수 없다는 이야기를 한다.

어느 날도 우리는 작업을 나갔다. 중년이 넘은 금발의 여인

• 말레이어로 '염소 먹이기'라는 뜻이다. 감빙(Kambing)은 염소, 마가낭 (Makanang)은 먹이기를 의미한다.

이 우유를 끓이며 음식을 장만했고 곁에서는 묘령의 여인이 시중을 들고 있었다. 우리는 그전 다른 곳에서와 마찬가지로 접대를 받고 흡족해하고 있었다. 이윽고 포로들이 작업을 시작했다. 나는 아까부터 내 눈치를 가끔 보던 그 젊은 여인의 곁으로 조금 다가갔다. 그녀는 물에 쟁반을 열심히 씻고 있었다. 말을 붙여 보려고 마음먹었는데 무슨 말을 할지 좀처럼 첫마디가 나오지 않았다. 그러는 사이에 틈이 생겼다. 중년 여자가 안으로 들어간 사이, 말레이어로 한마디 건넸다.

"저 여자가 어머니인가?"

그녀가 대답했다.

"아니. 이웃집 할머니야."
"당신은 이 집 식구가 아닌 것 같은데…. 어디 살아?"
"나는 저쪽에."

그녀가 손가락으로 아래쪽을 가리켰다.

"어느 집?"

내가 묻자 그녀는 손가락으로 다시 아래쪽을 가리켰으나 정확한 곳은 알 수 없었다. 단지 집이 그 근방임을 짐작할 따름이었다. 나는 용기를 냈다.

"다음에 또 만날 수 있을까?"

그녀는 대답을 회피한다. 긍정도 부정도 아닌 것이다. 하지만 그녀의 입가에 미소가 깃든 것 같았다. 그러는 동안 중년의 주인 여자가 이쪽으로 다시 나왔고, 나는 포로들이 일하는 곳으로 돌아갔다. 그리고 아무 일도 없었다는 듯 동료에게 말했다.

"저 여자 하푸카스* 말이야, 이 집 식구가 아니라네."
"글쎄, 나도 아닌 것 같은데. 머리카락도 눈동자도 검고, 얼굴도 그렇고."

그녀와 사귀는 것은 힘든 일일 것이다. 하지만 그녀의 얼굴이 잊히지 않는다. 내가 물은 말에 그녀가 선뜻 잘 대답해 주

• 하프캐스트(Half-caste)의 준말이다. 당시 네덜란드인과 인도네시아인 사이에서 태어난 혼혈인을 지칭한다.

어 기분이 좋다.

일주일 후 나는 자진해서 감빙 마가낭을 나갔다. 먼저 가 본 집을 목표 삼아 그 근방에서 나뭇잎을 따기로 했다. 그런데 그 집이 그 집 같다. 다소 헤매다가 겨우 지난번에 방문한 집을 발견할 수 있었다. 하지만 이 집에 가서 물어볼 수도 없는 형편이고 나는 그녀의 이름조차 몰랐다. 적잖이 실망스러웠다. 나뭇잎을 따러 간 집에서 우유를 마시러 오라고 부르자 나는 다시 돌아갔다.

동료가 말했다.

"너 뭐 하고 있어? 여기 있지 않고."
"응, 한 가지 찾을 것이 있어서. 다음번에 나뭇잎을 딸 곳도 봐야 하고."

나는 잎을 많이 딸 수 있는 나무가 있으니 거기로 가자며 일부 인원을 여인이 손가락으로 가리켰던 집 부근으로 끌고 갔다. 한 포로에게 주인을 불러 나뭇잎을 좀 따자고 하라고 했다. 안에서 나온 이는 순백인계의 말쑥한 여인이었다. 나는 거듭 실망했다. 그녀가 그의 모친이 아니라는 직감이 왔다. 내가

#4

300년 넘게 네덜란드의

식민 통치하에 있었던 인도네시아에서는

당연히 혼혈인이 다수 태어났다.

당시 포로감시원은 20대의 혈기왕성한 젊은 청년들로

구성되어 있었고 그중 일부는 인도네시아 현지의

혼혈인들과 교제했던 것으로 추측된다.

실제로 1945년 종전 후 포로감시원이

현지 여인과 결혼하여 정착한 경우도 있었다.

보고 싶은 그 여인은 하푸카스이기 때문이다. 그럭저럭 서성거리는 동안 먹이가 될 나뭇잎이 한 수레가 되었다. 별수 없이 수레를 몰고 돌아 나왔다.

몇 걸음이나 갔을까? 인기척이 느껴졌다. 뒤에서 여인 하나가 걸어온다. 나는 일부러 걸음을 느리게 한 후 그녀가 가까이 오기를 기다렸다. 초조한 마음으로 돌아보니 바로 저번 주에 대화를 나누었던 그녀가 분명했다. 그녀는 나를 보고 먼저 아는 체하면서 고개를 끄덕인다.

"잘 있었어?"

서툰 말로 인사를 나누었다. 그리고 곧바로 물었다.

"너의 집은 어디야?"

그녀는 몇 걸음 뒤로 물러가 골목 안을 가리켰다. 나는 잽싸게 그녀를 쫓아가 골목 안에 자리잡은 그녀의 집과 사립문 모양을 똑똑히 눈에 집어넣었다. 나는 그녀에게 다음에 들르겠다고 했다. 그러자 그녀가 당황해했다.

"오면 안 돼! 안 돼!"

그러나 나는 만족했다. 이제 그녀의 집을 알았으니 안심이다. 다시 앞으로 고개를 돌리니 수레는 이미 저 멀리 가고 있었다. 나는 더 이상 그녀와 대화를 나눌 수 없음을 파악하고 손을 흔들며 앞으로 바삐 걸어갔다. 뒤에서 그녀가 손을 흔든 것 같기도 하고 아닌 것 같기도 하다. 하지만 분명한 것은 드디어 그녀의 집을 알아낸 것이다.

친구의 충격적인 증언

나는 일반 포로수용소 경비에서 포로 환자 수용소 경비로 업무가 바뀌었다. 사방이 높은 담으로 둘러싸인 이 건물은 몇 달 전만 해도 수녀원이었다. 중앙 예배당이 있던 자리에는 지금도 십자가에 못 박힌 예수상이 큼지막하게 걸려 있어 환자들의 예배실로 쓰인다. 잔디밭의 정원, 잘 구획된 담장들, 어두컴컴한 지하실 같은 공간들은 오랫동안 수녀들이 하느님에 대한 절실한 염원을 담아 수련하던 곳이었을 것이다.

그러나 우리는 그 공간이 무엇을 의미하는지 이해하지 못한다. 방 한 칸이 사무실로 쓰이기 위해 치워질 때는 책장 높이도 넘는 큰 괘종시계가 부주의로 넘어져 깨져 버렸고, 병사 한 명은 구둣발로 주변의 물건들을 빵빵 차 댔다. 벽에 걸린 장식품이나 아기자기하게 꾸며 놓은 정원의 물건 등이 모두

한쪽 쓰레기장으로 옮겨졌다. 군화는 닥치는 곳마다 파괴하며 위력을 발휘한다.

새로 부임한 수용소장 간다 대위는 군의관이다. 그는 평소에 "의술은 인술이다. 생명은 존중되어야 한다."라고 말하는 사람이다. 그는 자기 차에 포로가 된 군의관과 동승하고 동분서주한다. 궁색한 와중에도 의약품, 우유, 빵 등이 포로들에게 최대한 공급된다. 그는 부하의 경례에 차려 자세로 답례한다. 우리는 그를 구세주라고 불렀다. 세상에는 악마도 있지만 구세주도 있는 모양이다. 적어도 당분간은 이 수용소 안에 평화가 깃들 것이다. 의약품 부족, 자재 부족, 영양 부족에다 침대와 침실의 허술함은 말할 것도 없지만 그래도 잠시나마 마음에 평화를 느낀다.

나는 수용소 환자실을 둘러봤다. 시멘트 바닥에 약간 삐뚤게 깔린 침상들이 있고, 그 위로 헌 옷을 걸치고 눕거나 앉아 있는 환자들이 보인다. 한쪽에는 조그마한 조립식 침대도 놓여 있다. 그들이 어떤 병에 걸렸고 병세가 어느 정도인지는 내 알 바가 아니다. 치료실에는 주사와 각종 약, 연고들이 보인다. 뜰에 나서니 좌각(坐脚)에 몸을 의지해 한 걸음씩 걸어 보는 환자도 보인다.

간혹 수녀들이 심야에 넘어다녔다는 전설이 전해져 내려오는 높은 담벼락 모퉁이에는 밤새 전등불이 요란하다. 전등불 아래에 모기, 벌레 등 곤충류가 순식간에 모여든다. 여러 마리의 도마뱀이 기다렸다는 듯이 먹이를 덜컥덜컥 잡는다. 그중에는 녹색 비늘 가죽이 두꺼운 큼지막한 놈도 보인다. 그들은 우리 찬장이나 밥그릇에도 거리낌 없이 달려든다. 우리는 모기와 도마뱀, 파리와 함께 살고 있으며 피할 길은 없었다.

우리가 군복을 입고 군속의 문에 들어선 지 벌써 만으로 두 해가 지났다. 약속된 기한이 지났는데도 우리와 교대할 부대는 오지 않는다. 하긴, 교대 인원을 수송할 배조차도 없을 텐데. 배가 있다면 군수 물자를 우선 수송해야 할 형편이다. 하지만 계급이 있어서 진급이 되는 것도 아니고 봉급을 올려 준다는 약속도 없다. 우리와 같이 왔던 소위는 이제 대위가 되었다. 직무가 그대로라 할지라도 그들은 계급에 따라 허세를 부렸다. 우리가 조선인만 아니었다면 항의도 하고 불평도 호소했겠지만 지금의 형편에는 아랑곳없다. 전시 상황이니 모든 국민은 승리를 위해 헌신해야 한다. 마지못해 몇 명에게 '고원'''이라는 계급을 달아 주었지만 업무는 매한가지다.

• 군속은 사실상 계급이 없는 민간인 신분이었지만, 그중 근무 성적이 좋은 몇 명을 형식적으로나마 최하급 관리인 판임관 대우의 고원으로 승진시켜 주었다.

계약 기간이 지난 후부터는 음주와 술주정, 상관에 대한 폭행, 그로 인한 군법 회부, 육군 형무소 투옥 같은 사건들도 간혹 발생했다. 여기서도 육군 상사를 폭행한 사건이 일어났다. 상관 폭행죄를 처리하는 것을 보니 다시 한 번 비애감을 느낀다. 고국에서도 차별은 다반사였지만 만리타국에서도 일본과 조선, 즉 내선(內鮮) 사이의 차별은 완연하고 불가항력이다. 게다짝˙의 민족은 이 땅의 많은 인종 중에서 단연 최상의 위세를 누리는 종족이다. 그렇기에 우리는 아무 데서나 조선인이니, 조선 민족이니 하는 단어를 쓰지 못한다. 필요한 때도 없고 자랑스러운 것도 아니며, 자칫하면 경멸의 대상이 될 따름이다. 하지만 우리는 일본인처럼 일본어를 잘 구사했으며 이름도 창씨개명해 겉으로는 누가 일본인이고 조선인인지 곧바로 구별해 낼 수 없었다.

어느 날 나는 한 포로에게 넌지시 말했다.

"지금 일본 본토에는 공습이 심하다. 도쿄는 재가 되었고, 전쟁은 비관적이다."

• '게다'란 일본 사람들이 신는 나막신이다. 게다짝은 이 나막신을 낮잡아 말하는 표현이자 일제 강점기에 육군 중위를 낮잡아 이르던 말이다.

그러자 그는 방금 마음을 튼 친구라도 된 듯이 말했다.

"그래, 이 전쟁은 빨리 끝나야지. 당신은 코리아 사람이지?"

나는 당황했다. 그들은 우리 국적을 알고 물은 것일까. 그러나 나는 단호히 대답했다.

"아니다. 나는 일본인이다, 일본인."

그렇게 대답하고 나서 나는 약간의 죄책감을 느꼈다. 민족을 속이고 살아야 한다니…. 그러나 지금 상황에서는 그렇게 말할 수밖에 없었다. 나는 내면적으로 갈등하고 불평하는 한편, 외면적으로는 이기적인 행동을 취했다.

어렸을 때부터 가정이나 학교에서 일본에 항거해야 한다느니, 어디서 독립투사가 고군분투하고 있다느니 하는 이야기를 들려주는 사람은 없었다. 1940년 무렵에는 만주의 공비도 이미 평정되었고 만주국 황제가 일본을 방문하여 천황과 우의를 교환했다. 일본군이 가는 곳에 항복이나 후퇴는 없었다. 패전해도 전멸과 옥쇄가 있을 뿐이었다. 포로가 된다는 것은 천황과 국가에 대한 불충이며 군인으로서 더없이 치욕스러운

5

備 考 Other Informations

和17年2月17日 Nephritis ニテ死亡ス

당시 조선인 중 상당수는 이미 조선 사람이라는
민족적 자의식이 희미해져 있었다.

1910년 한일 강제 병합 이후 30년 이상 흘렀고,
당시의 젊은 세대는 이미 조선이 식민지가 된 이후
태어났기 때문이다.

일본군의 극심한 탄압으로 독립 운동의 양상은
3·1 운동이 벌어졌던 1910년대보다 상당 부분
위축되었고, 만주 등지에서 벌어진 독립운동에 대해
조선총독부는 철저한 은폐 전략을 폈다.

사건이었다.

총을 버리고 두 손을 들고 나온다. 그리고 구속되어 끌려간다. 다음 날부터는 능멸을 받고 궁핍한 생활을 계속한다. 우리는 상상할 수 없었지만 이것이 포로가 될 때의 서양인의 전형적인 방식이었다. 그들은 생명을 제일 존중했다. 조금만 위기에 처해도 곧잘 두 손을 들고 나왔고, 포로가 된 후에는 집에 남은 처자와 안부 편지나 주고받는 것을 제일의 낙으로 삼았다.* 그들은 전쟁이 끝나고 집으로 돌아가면 명예로운 귀환 용사가 된단다. 이렇다 할 전투 한 번 못했는데도 사령관 이하 전 장병이 위로를 받는다.

이곳에 그 증거가 수두룩하다. 수많은 포로와 그들을 데리고 있는 수용소가 있지만 전투가 벌어진 흔적은 드물다. 나는 여기서 공습으로 파괴된 몇 채의 주택과 배들, 그리고 망가진 고사포 몇 문을 보았을 뿐이다. 그들은 도주하고 모여들고 또 도주하고 모여든 끝에 결국은 백기를 내건다. 투항하고 일단 생명을 건지는 것이다.

만주나 중국에서는 무절제하고 끝없는 살육을 감행한 일본

---

* 당시, 상대적으로 인권 의식이 높고 인도적인 포로 처우에 대한 교육을 받은 미군과 연합군은 전투 패배 직후 살아남았다면 투항해 포로가 되는 것이 일반적이었다.

군이지만 여기 동남아에서는 싸워야 할 적군 대부분이 문명국 군인이며, 국제 협약이 겉으로는 효력을 발휘하는 곳이었기에 어느 정도 관용을 베푼 것도 있을 것이다. 언제 답장이 올지도 모르지만 서신 보내는 것을 허용하고, 장교에게는 봉급을 지급해 부식품을 구입하게 하며 노역도 시키지 않는다. 국제 적십자사를 통해 형식적으로라도 일용품을 배분하고 있다. 그런다 한들, 급양이 턱없이 부족해 포로들의 몸에서 지방질은 빠지고 뱃가죽은 얇어져 덜렁거린다.

날짜의 신을 사귀어 놓으면 앞으로 또 다가올 날들을 빨리빨리 지나가 버리게 할 수 있지 않을까. 아니, 그것은 무서운 일일 게다. 내가 늙어 죽을 때까지 이 전쟁이 끝나지 않으면 나는 이 고뇌와 서러움을 어디에 배설할 것인가. 역시 날짜는 순리대로 24시간씩 흘러가는 것이 좋겠다.

나는 새로운 명령을 받았다. 오늘부터 한 달 후, 포로 수백 명과 티모르(Timor) 섬에 가서 비행장을 건설하라는 것이다. 가기 전까지는 군사 훈련을 열심히 하란다. 티모르 섬은 이 나라 동쪽 끝에 있는 꽤 큰 섬으로 적국인 호주와의 거리는 5백 킬로미터가 채 안 된다.

우리는 수카부미(Sukabumi)라고 불리는 고원 지대의 선선한 소도시에서 맹훈련을 받았다. 잔디밭에 엎드리니 흙냄새가 코를 흥분시켰다. 식욕도 돌고 몸은 나날이 튼튼해졌다. 훈련이 끝날 즈음, 명령이 변경되어 비행장 건설이 취소되었다. 자칫하면 잃을지도 모를 생명줄이 다시 이어진 것에 자위했다. 본대로 돌아가니 동료 몇 명이 새로 들어와 있었다. 그중 동향의 친구 하나를 만났다. 그의 눈언저리엔 몇 바늘 꿰맨 흉터가 있었다.

"어디 가서 눈에 흉터를 만들어 가지고 온 거야?"

"야, 나 하마터면 죽을 뻔했어."

"어쩌다가?"

"세레베스 섬*에 가려다 못 가고 왔어."

"뭐 하러 갔어?"

"포로 이백 명을 데리고 배를 타고 가는데 그만……. 차마 못 볼 걸 봤어. 글쎄 세레베스 섬으로 비행장 건설을 하러 가는데, 중간쯤 가다 잠수함 공격을 받아서 배가 침몰한 거야."

"그래서?"

• 인도네시아의 중앙부에 위치한 섬으로, 현재는 술라웨시(Sulawesi) 섬이라고 불린다.

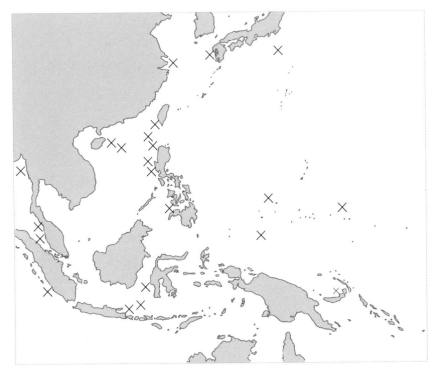

× 표시된 곳은 포로 수송선이 침몰한 지점이다.

포로 수송 중에 침몰한 선박의 위치를 표기한 지도 태평양 전쟁 중 연합군의 무제한적인 잠수함, 전투기 공격으로 포로수송선의 상당수가 격침되었다.

나는 다잡아 물었다.

"간신히 바다에 뛰어들어 헤엄치고 있는데 조그마한 배가
오더니 우리를 건져 주더라."

"그래서 다 구출되었어?"

"배가 빙빙 돌아다니며 군인들을 구출했지."

"그리고?"

"그러고 나서 적선이 오더니 총으로 마구 갈겨 대는 거야."

"그래서 어찌 되었어?"

"계속 돌면서 바다에 마구 총을 쏘니 바닷물이 벌게졌지."

"그래, 그들이 어떻게 했어?"

"살아남은 사람들은 물속에 고개를 처박고 또 들고 했는데,
하나도 남김없이 갈겨 대더라고."

"흠……."

"나는 처음 꽝 하는 순간 바다에 뛰어들 때 눈을 다쳤어. 눈
에서 피를 줄줄 흘리는 채로 구출되어 병원에 옮겨져서 몇 바
늘 꿰매고 2주일 동안 치료를 받았어."

"지금은 괜찮아?"

"이제 괜찮아. 하지만 하마터면 죽을 뻔했다."

"그래, 다행이다. 운이 좋았네. 하지만 참 비참한 일이다."

동향 친구의 말을 듣고 나는 티모르 섬에 안 가게 된 것을
무척 행운이라고 생각했다. 티모르 섬은 세레베스 섬보다 멀
고 험한 곳이다. 거기 갔더라면 틀림없이 봉변을 당했을 것이
다. 이렇게 여러 가지 정황들은 전세가 우리에게 불리한 국면
으로 달리고 있다는 것을 증명했다.

글로독 수용소로 전근하다

며칠 후 나는 다른 수용소로 근무지가 바뀌었다. 너무 많은 곳을 돌아다녀서 이제는 전근 명령을 받아도 별 감흥이 없다. 이번에 배정받은 곳은 글로독에 있는 조그마한 수용소로, 전쟁 전에는 형무소로 쓰였던 곳이란다. 수용소 둘레는 이중의 높은 벽으로 되어 있고 몇 군데에 망루가 있었다. 벽에는 거무스레하게 페인트칠이 되어 있고 감방마다 철망으로 된 문이 달려 있다. 형무소는 정복자가 원주민을 통치하는 데 반드시 필요한 건물이다. 과거 무수한 저항자들이 이곳에서 신음했을 것이다. 원주민 죄수에 대한 교화와 교도의 흔적이 역력하다. 건물 자체가 음산한 냄새와 분위기를 풍긴다. 허술하게 철조망을 두르고 암폐라를 쳐 놓은 다른 수용소에 비하면 과잉 격리라 할 수 있겠다.

글로독 수용소 글로독(Glodok)은 자카르타 섬에 있는 역사가 오래된 지역이다. 당시 화교들이 많이 정착해 살아 매우 큰 규모의 차이나타운이 있었다. 글로독 수용소는 네덜란드가 인도네시아 범죄자나 독립운동가를 투옥했던 장소로 유명했다.

수용소장 야마모토 대위란 자는 일본에서 바다와 맞닿아 있지 않은 몇 안 되는 현인 기후현* 출신으로, 고향에서는 산에서 숯을 굽고 목탄을 생산했다고 한다. 그는 소네처럼 악질 인간은 아니지만 그렇다고 간다 대위 같은 호인도 아니었다. 그는 부하를 통솔하려면 상하 의사소통이 필요하다며 매주 회식을 벌였다. 회식 자리에서는 설교 같은 것을 늘어놓았다. 그러나 자기 할 말만 했고, 부하의 말을 듣는 경우는 한 번도 없었다. 화가 날 때면 슬리퍼를 한 짝 벗어서 부하들의 뺨을 두세 번씩 갈겨 댔다.

우리는 그를 숯장수라고 불렀다. 그렇게 부른 데는 다 까닭이 있다. 그는 월급이 나오면 몽땅 물품을 사서 쟁여 놓았다. 욕심 부리는 게 영락없이 속이 시커먼 숯장수였다. 월급을 받으면 축음기, 셔츠, 그릇 가리지 않고 토산품을 마구 사서 큰 트렁크 두 개에 넣었다. 나중에는 그걸로도 모자랐는지 큰 궤를 하나 짜서 그 속에 집어넣고 쇠로 된 테를 단단히 매어 부서지지 않도록 했다. 포로감시원 한 명이 포장하는 것을 도와주는데 시원찮게 보였는지 펜치를 빼앗기도 했다.

• 기후현(岐阜県)은 일본 중부 내륙에 위치한 동서 교통의 요지다.

"배 타고 차 타고 수만 리를 갈 건데 그런 식으로 되겠나."

　배편이 많을 때는 일본으로 귀국하는 배에 몇십 박스씩 실어 보냈다. 요즘은 배편이 거의 다 사라지고 귀국하는 인편도 드물어 대위의 속은 울화가 날 지경일 것이다. 여하튼 좋은 물건만 보이면 무엇이든 다 자기 수중에 확보하려는 꼬락서니를 보니, 속이 아주 시커먼 숯장수가 딱 맞다.

포로가 된 독일의 잠수함 승무원

상관을 폭행했다는 친구가 몇 달간의 형기를 마치고 돌아왔다. 성병으로 고생한 친구도 오랜만에 다시 얼굴을 보았다. 반대로 입원한 친구도 있었다. 내가 다시 돌아온 제 1 분견소에는 여전히 동료나 포로의 드나듦이 잦다.

하루는 독일인 포로들이 들어와서 따로 수용되었다. 그들은 잠수함 승무원인데 불과 한 달 전까지는 아군이었다. 근 몇 년간 일본의 동맹국 군인으로 우리와 협력하여 작전을 수행했지만, 1945년 5월 독일이 항복했으니 이젠 적군이 된 것이다. 그리고 6월부터는 수용소 신세가 되었다. 국가 간의 매정함에 새삼 놀라지 않을 수 없었다. 나는 동료에게 이렇게 물었다.

"저 독일인들을 여기 수용해야 하나?"

"글쎄, 같이 싸우자 해도 믿을 수가 없겠지."

"저들은 싱가포르를 기점 삼아 영미군의 배를 공격했다고 하는데."

"일본군 측에서는 믿을 수가 없겠지. 전투에 내보냈다가 연합군에 투항하면 역이용할지 모르니까."

"우스운 운명이구먼."

"저들도 태평양 바다에서 많이 생각했을 거야. 투항 후의 처우나 운명에 대해 말이야."

"최선의 길을 택해서 여기 온 거겠지. 그런데 방금 막 생각난 게 있어."

"뭔데?"

"내 양봉을 해 봐서 아는데, 벌도 갑자기 왕을 잃어버리면 일벌들이 갈 곳을 모르고 그 벌통이 망하기 마련이거든."

"그러니까 저 독일인 포로들이 왕을 잃어버린 곤충과 같단 말이지?"

"그렇지. 나라가 무너졌으니 공격용 잠수함도 필요 없게 된 게지."

"왕벌이 없어지면 벌의 독침도 없는 것과 다를 바 없지."

"그러니까 나라가 있는 곳에 군대가 있고, 군대가 있는 곳에 나라가 있구먼."

명확히 기억나지는 않지만, 그러다가 갑작스레 결혼으로
화제가 바뀌었다. 저번에 만난 하푸카스 여인 때문이었을까?
나는 국제결혼이 인류 평화에 필수적인 것이라고 생각했다.

"세계 국가가 되려면 국제결혼이 꼭 있어야 해. 오랜 세대
뒤에는 한 종족이 되어야 하니까."

그러나 나는 동료의 핀잔만 들었다.

"너 또 이상한 소리 좀 하지 마라, 뚱딴지같이."

인도인 한 명이 위병소에 매일같이 드나든다. 그는 뚱뚱한
체구에 흰 양복을 입고, 왼손에는 가방을 들고 경례를 한다.
서당개 삼 년이면 풍월을 읊는다고, 노상 보고 배운 군대식 경
례로 허리를 절도 있게 구부리며 미소를 띤다. 그는 사무실에
들어와서야 비로소 가방을 꺼내 자기가 내일 조달해 줄 물건
에 대한 메모를 받는다. 경례야말로 그의 상술 중 핵심일 것이
다. 일본군은 그들을 어용상인이라고 부른다. 어용상인의 대

항복한 독일군 포로들 독일군 포로가 수용소에 들어온 시점은 1945년 6월이다. 독일은 1945년 5월 7일 연합군의 항복 요청 문서에 서명했기 때문에 이미 패전한 상황이었다. 공식적으로 패전했기 때문에 연합군과 싸울 이유가 없어졌고, 그래서 동남아시아 전선에서 일본군을 돕던 독일군은 투항 후 포로가 될 수밖에 없는 아이러니에 휩싸였다.

부분은 인도인이다.˙ 원주민은 대부분 상술에 능하지 못하다. 이 나라의 상권을 쥐고 있는 이들은 화교지만 일본군은 그들을 애용하지 않는다. 전쟁 전 화교들은 점포에 장개석의 사진을 걸어 놓고 항일 선전과 원조금 모금 운동을 했다. 국민당 정권이 일본군에 의해 중경˙으로 쫓겨난 후에도 싱가포르의 화교들은 막대한 금액을 암암리에 모금해 전비(戰費)를 충당했다.

일본군이 이곳에 들어온 후에는 장개석 사진이 걸렸던 자리에 왕정위 사진이 걸렸다. 그는 현재 남경에 허수아비 정권을 수립하고 일본에 협조하고 있다. 일본군은 그전에 장개석의 국민당 정부에 협조하거나 내통한 자를 색출해 무자비한 곤욕을 가했다. 싱가포르 해변에서 대량 학살이 자행됐다는 풍문은 남방 화교들에게 큰 공포로 남았다. 따라서 이 지방에서는 당연히 인도 상인이 믿음직스러울 것이다.

일상도 큰 변화 없이 흘러갔다. 물론 이 일상은 시한부다. 일본에서 연예인들이 찾아오고 여러 부대가 공연을 보기 위

• 중국 화교와 함께 인도인 역시 상업에 능했으며 일본군에게 군납으로 돈을 벌기도 했다. 인도인은 현재 싱가포르 인구 구성의 한 축을 이루고 있다.

‡ 중경(重慶)은 중일 전쟁 당시 국민당 정부의 임시 수도였던 충칭을 한국 한자음으로 읽은 것이다.

해 광장으로 모였다. 명창으로 칭송받는 가수가 나니와부시*
한 곡을 한 시간 이상 읊는다. 병사들은 잠시 잊고 있었던 본
국과 자신 사이에 어떤 혈맥이 되살아난 듯 연민과 충성심으
로 뒤범벅된다. 가끔 상영되는 영화도 심심치 않은 위로물이
다. 낮이면 우리에 가둔 원숭이가 심심함을 달래 주고 석양이
지면 유일한 운동인 배드민턴이 몸을 조금씩 풀어 준다.

---

* 나니와부시(浪花節)란 일본 전통 악기 샤미센의 반주에 곁들여 부르던 전통 창
  곡을 말한다.

일본 영토가 본토로 한정되니
그것은 조선의 독립을 의미하는 것일 게다.
얼마나 좋은 일인가.

그러나 그다음 조항이 꺼림칙하다.
우리가 관리한 포로들은 오랜 시간 고생했다.
억류자 수용소에서는 매일같이 노인과 아이들이 영양실조로 죽어 나갔다.

이제 와서 변명할 생각도 없고, 오직 관대한 처분을 바랄 뿐이다.

3장.

일본의 항복 선언

천황의 칙어를 읽다

우리는 날마다 본국에서 중계되는 라디오를 들었다. 현지에서는 일본어 언론인 《자바신문》이 유일한 보도 기관이다. 1945년 8월 14일, 라디오에서 내일 정오에 천황의 칙어가 있을 것이라고 예고했다. 지금까지 그런 일은 없었기에 우리는 모두 15일 정오에 귀를 기울였다. 그러나 정작 그 시간에는 아무 말이 없었고, 저녁이 되니 장교 회의가 소집되었다. 다음 날인 16일, 사병들에게도 항복 발표문이 공시되었다.

나는 머리를 한 대 맞은 듯한 통증을 느꼈다. 곪고 곪은 속을 피부로 잠시 가려 둔 이 땅에도 드디어 맨살이 터지고야 말았다. 경천동지*할 세상이 왔고 우리의 운명은 알 수 없게 되

• 경천동지(驚天動地)란 하늘을 놀라게 하고 땅을 뒤흔든다는 뜻으로, 세상을 몹시 놀라게 함을 이른다.

었다. 동료 외에는 아무와도 말을 주고받을 수 없었다. 정보를 듣는 것도 쉽지 않았다. 반쪽의 신문만이 유일한 정보 입수 경로였다.

8월 18일자 신문에는 천황의 포츠담 선언 수락 기사와 함께 인도네시아의 독립 선언이 대문짝만하게 실려 나왔다. 대통령에 수카르노*가 임명되었다. 이제 무엇을 어찌해야 할지 난감했지만, 옛말에 불이 났으면 절구통을 세 번 흔들고 가라고 했다.

차분히 이 상황을 생각해 보자. 그러나 지금 우리에게 적용되는 말은 "겉으로 울지 말고 속으로 울어라. 웃지도 말고 속으로만 웃어라."가 아닐까. 필리핀과 달리 전후에도 독립을 약속받지 못했던 인도네시아에 일본군이 갑작스레 독립을 주었으니 오죽이나 기쁘랴.

원주민들은 제 2의 해방을 말한다. 일본군이 양성해 놓은 몇천 명의 원주민 방위군은 인도네시아의 독립군이 되었고, 일본군에게 총 한 자루라도 더 얻어 내거나 빼앗는 것이 중요한 일이 되어 버렸다. 그들은 동네를 돌아다니며 사람들을 선동했다.

• 수카르노(Sukarno)는 네덜란드의 식민 통치에 반대한 독립운동가로, 태평양 전쟁 종전 후 인도네시아가 건국되면서 국부가 되었다.

"개미 떼같이 많은 장정이 있으니 총이 없는 자는 대창을 들어라. 전화는 없으니 쇠로 된 전주를 두드려 그 소리로 뜻을 전달하라!"

일본은 3년 전에 서양인을 몰아내 이곳을 해방시켰다. 원주민들은 동양인이 서양인을 몰아낼 수 있다는 기적을 보았고, 지난 몇 년간 경험으로 일본인이 제 2의 서양인이 되리라 예측도 했다. 하지만 지금 이 시점에서 그들 앞에 펼쳐진 것은 승자와 또 다른 전쟁이 시작될지도 모르는 운명이었다.

일본군의 입장에서 보면 연합군에 항복한 것이니 연합군이 상륙할 때까지 치안을 유지하다가 그들에게 무기를 반납해야 한다. 그러고 나서야 비로소 안전한 귀국을 약속받을 것이다. 새로 수립된 정부에 동정은 가지만 무기를 넘겨줄 수는 없었다. 설사 넘겨준다 하더라도 탱크나 비행기를 조종할 줄 아는 이가 있을 리 없다. 그러나 방위군이 며칠 사이에 독립군으로 변신하면서 알게 모르게 무기와 탄약은 모두 그들 손으로 넘어갔다. '여보시오'라는 그들의 인사말은 독립을 의미하는 '메르데카(Merdeka)'로 쉽게 바뀌었다. 온 도시, 시골, 산골짜기까지 메르데카가 울려 퍼졌다.

19일에 연합국 측 사절이 왔다. 비행기가 상공을 한 바퀴

인도네시아 국기를 흔들며 독립운동을 벌이는 수카르노의 지지자들 당시 인도네시아의
상황은 해방 이후 어수선한 한국의 정황과 흡사했다. 독립을 외쳤지만 미묘하게 노선을
달리하는 집단들이 서로 세력 다툼을 했으며 그 과정에서 많은 갈등이 빚어졌다.

돌고 난 후 낙하산으로 사절이 내려왔다. 그들이 일본군 사령부를 찾아가서 전달한 내용은 연합군이 상륙할 때까지 치안 유지를 잘하고 포로들을 보호하라는 것이었다. 그리고 급양 지시도 떨어졌다. 포로들에게 육류, 계란, 우유 등으로 충분히 배식을 하라는 것이다.

매일 미군 수송기가 날아와 수용소와 억류소 상공을 돌면서 큰 짐 꾸러미를 낙하산에 매달아 지붕에 그려진 적십자 표시에 내려보냈다. 그 안에는 미군이 먹는 레이션*이 다양하게 들어 있었다. 기쁨을 감추지 못한 아녀자들이 손을 높이 쳐들고 소리를 질러 댔다. 어린아이가 짐 꾸러미에 치여 죽었다는 웃지 못할 소리도 들려왔다.

어른만 있던 포로수용소에는 그전보다 더한 정적이 감돌 뿐이었다. 그들은 일본군의 지시대로만 행동했다. 한 치의 경거망동도 볼 수 없었다. 3년 반이라는 세월을 참고 견디어 왔는데 고작 며칠을 못 견딘다고 해서야 될 말인가. 현재의 포로는 감시당하는 것이 아니고, 외부의 침입자로부터 보호받는 것이다.

---

* 레이션(Ration)이란 군대에 배급되는 휴대 식량을 의미한다.

일본의 항복 문서인 포츠담 선언은 다음 몇 조항으로 요약된다.

　"일본은 연합국에 대하여 무조건적인 항복을 수락한다. 일본은 민주주의 국가가 되어야 한다. 일본에 새로운 질서가 확립될 때까지 연합군이 일본 영토를 점령하고 관리할 것이다. 일본 영토는 본토와 기타 부속 도서로 한정한다. 항복한 일본군은 자기 가정으로 돌아가되, 우리의 포로를 학대한 자를 포함해 일체의 전쟁 범죄자에 대해서는 엄중한 처벌이 가해질 것이다."

　우리의 관심은 마지막 두 조항에 쏠린다. 일본 영토가 본토로 한정되니 그것은 조선의 독립을 의미하는 것일 게다. 얼마나 좋은 일인가. 그동안 일본인에 의해 얼마나 많은 압박과 강요를 당했던가. 어서 빨리 조국에 가고 싶다. 부모와 처자들은 우리를 얼마나 기다리고 있을까?
　그러나 그다음 조항이 꺼림칙하다. 우리가 관리한 포로들은 오랜 시간 고생했다. 억류자 수용소에서는 매일같이 노인과 아이들이 영양실조로 죽어 나갔다. 이제 처지가 바뀌었으니 그들은 우리를 어떻게 취급할까? 이제 와서 변명할 생각도 없고, 오직 관대한 처분을 바랄 뿐이다. 곧 연합군이 상륙할 거라는 말과 달리 아무런 정보도 얻을 수 없었고 수용소 안에서는 평온한 나날이 이어졌다.

조선인 민회 결성

8월 15일로부터 일주일이 지났다. 우리는 일단 무기를 반납하고 자유의 몸이 되었다. 주택가의 가옥 몇 채를 점거한 후 조선인이 집결했다. 우리는 스스로를 '조선인 민회'라 명명했다. 조직 구성원 대부분은 포로감시원이었다.

현지에서 군대에 입영했던 자와 육군 형무소에서 복역했던 이들도 돌아왔다. 어디에나 사람이 모이면 조직이 생기고 운영 주체가 생기는 법이다. 우리는 조선인으로 갑작스레 일본군에 끌려와서 곤욕을 치렀기 때문에 고국으로의 송환을 서둘러야 한다며 연합군 측과 교섭을 벌여 보았다. 한편, 패잔병인 일본군은 뉴기니의 미개척지에 투입되어 7년간 노동을 하게 될 것이라는 풍문이 떠돌았다.

연합군 지휘부가 이미 자카르타에 상륙했고, 일주일쯤 뒤에는 화란군과 영국군도 도착했다. 연합군이 상륙한 후 임무를 수행함에 따라 바깥 정세는 날로 시끄러워졌다. 그러나 우리는 무위도식하며 귀국하는 선편을 하염없이 기다리는 수밖에 없었다.

당시 나는 의복을 원주민 식으로 입고 하푸카스 여인의 집을 자주 찾았다. 때로는 낮에, 때로는 석양의 어둠이 깃든 때를 택했다. 낮에는 낮잠도 자고 목욕도 하곤 했다. 밤을 보낸 후 아침에 급히 마차를 타고 돌아올 때도 있었다. 그녀와의 사이는 점점 깊어만 갔고 이제 우리는 떼어 놓을 수 없는 처지가 되었다. 사랑은 익을 대로 익었지만 그럴수록 주변 정세는 더욱 꼬여 갔고 예측하기 어려워졌다.

나는 금반지와 손목시계를 그녀의 집에 맡겼다. 우리는 앞으로 어떻게 해야 할지 함께 궁리해 본다. 촌락으로 들어가서 은신하면 어떨까. 내가 여기 새 나라의 국군으로 들어간다면 어떻게 될까. 그러나 이곳에 정착해 버리면 조선에서 기다리는 부모 형제와의 재회는 단념해야 하며, 이는 불안을 자초하는 행동일 수도 있다. 조선인 민회에서 귀국을 서두르고 있으니 출항 날짜가 정해지면 그녀도 같이 가는 것을 상상해 본다. 그렇게 할 수만 있다면 그것이 최상의 방법이겠지.

그러나 그 방법이 진정 통할지는 의문이다. 일본 여인들은

6

昭和21年 8月 7日

收容所 Camp	永唑 昭和　年　月　日	番　號 No.
姓名 Nationality	*Dueth*	生年月日 Date of Birt
階級身分 Rank	位兵	所屬部隊 Unit
捕獲場所 Place of Capture	マニラ捕虜收容所	捕獲年月日 Date of Capt
父ノ名 Father's Name		母ノ名 Mother's Nam
		職業 Occupation
通報先 Report		特記事項 Remarks
		死亡・逃亡

1945년 8월 15일 일본의 공식적인 항복 이후
포로감시원들은 자신의 신분과 정체성에 대해
심각한 혼란에 빠졌다.
일본군 소속임과 동시에 일본에 의해 수탈당하던
식민지인이었기 때문이다.
이들은 연합군으로부터 자신들의 권익을 보호하고
처우에 관해 협상하기 위해 '조선인 민회'라는
단체를 결성하였으나 오히려 테러와 분란을 일으킬
수 있는 위험한 조직으로 인식되었다.

전투모를 쓰고 군복을 입은 채 위장해서 자칫 모를 연합군의 행패에 대비한다고 하던데 그런 방법은 어떨까. 그러나 민회에는 여인이 없었다. 위안부로 끌려온 조선 여인들은 모두 어디로 갔을까? 내가 먼저 귀국하고 좀 더 평화가 오면 그녀가 따라오는 것은 어떨까. 여러 안을 놓고 우리는 숙의를 거듭했다. 그러나 어느 안도 완전히 믿을 수는 없었고 안전한 것이 못되어 결정과 행동으로 옮길 수 없었다.

그러던 어느 날, 나는 그녀의 집에 가는 길에 대창을 든 부대원 몇 명으로부터 검문을 받았다. 그들은 자기들의 동정을 살피러 온 간첩이 아니냐며 나에게 대창을 들이대고 심문을 했다. 내가 그전 근무지를 말하니 그들은 쉽게 소재를 파악했다. 나는 그들처럼 식민지였다가 해방된 조선인임을 인식시키고 실종된 동료를 찾으러 간다고 변명을 했다. 그러자 그들은 대창을 거둬들이며 통과시켰다. 진땀을 빼며 상황을 겨우 모면했다. 그날은 그렇게 지나갔고, 이후에는 그녀가 자전거를 타고 와서 우리 숙소를 확인하고 갔다. 나는 봉변을 당할까 우려하여 이동을 자제했고 그녀를 찾는 횟수도 눈에 띄게 드물어졌다.

나는 그녀가 일본 군복을 입고 머리의 아래쪽을 깎은 채 전투모를 써 신분을 위장하고, 명부에 이름을 올려놓고 우리와 같은 숙소에서 대기하다가 운이 따른다면 함께 갈 수도 있겠다고 생각했다. 하지만 그것은 예상할 수 없는 곤욕의 길일 수 있어 실행에 옮기지는 못했다.

정세는 날로 험악해졌다. 더 이상 그녀의 집에 갈 수 없게 되었다. 연합군의 진주가 장기화됨에 따라 현지 독립군의 경계 태세도 삼엄해졌다. 그들은 점차 도시 주변으로 세를 넓혀 갔다. 독립군은 주로 소총과 재래식 대창으로 무장했지만, 그 수는 단연 연합군보다 우세했다. 그중에서도 공산당 세력은 조직과 정보 면에서 뛰어났다.

인도네시아 독립군과 화란군 사이의 전투

드디어 인도네시아 독립군과 화란군 사이의 전투가 시작되었
다. 일본어 신문은 없어졌다. 나는 화교들이 읽는 한자 신문
에 의지해 대략의 정세를 판단했다. 승전국이 된 화란은 그전
의 권리를 회복하려 했다. 인도네시아의 독립적인 권한은 일
부 인정하나, 승전국 입장이기에 식민지를 포기하기는 싫다는
것이다. 인도네시아 독립 정부로서는 외세의 압박을 전적으로
배제하는 게 목표이니 양측 간 충돌을 피할 수 없었다. 도시를
둘러싼 외곽 지대에서는 산발적인 총격이 매일 벌어졌다.

　반둥(Bandung)에서는 독립군의 저항이 너무 격렬해서, 화
란군 측은 결국 일본군의 기갑 부대까지 동원해 토벌 작전을
펼쳤다. 임무를 마친 부대는 그 공로로 제일 먼저 고국으로 귀
환했다 한다.

연합군은 도시를 점령하고 일본군을 무장 해제시켰으나 통치권은 좀처럼 수중에 넣지 못하고 있었다. 협상은 난항이었다. 주민들의 자치권을 인정하고 사법권과 경찰권을 세우려 했으나 마음대로 되지 않았다.

한편, 세계 여론은 약소국가의 자주권을 옹호했다. 소련은 영국군의 즉각 철수를 요구해 독립군의 사기를 고무시켰다. 이에 영국군은 일본군이 무장 해제만 완료하면 바로 철수할 것이라 답변했단다. 이런 와중에 우리 조선인 민회는 고국으로 귀향할 꿈만 손꼽아 되새기고 있었다.

포츠담 선언의 10번 조항*에 있는 '전범을 엄격하게 재판할 것'이라는 내용이 자꾸 심기를 거슬리게 한다. 사람은 누구나 난처해질 때 자신의 입장을 유리하게 해석하려 하는 법이다. 지난 3년 동안 포로수용소와 억류소에서는 여러 크고 작은 사건이 발생했다. 감시하고 감시받는 나날인데 서로 간에 접촉이 없을 리가 없었다. 급양 문제라든가 근본적 처우 문제는 우리 책임은 아니겠지만, 우발적인 사고가 몇 번 발생했다.

언젠가 점호를 할 때였다. 어느 늙고 쇠약한 포로 한 명이 말을 잘 듣지 않아 동료가 그의 뺨을 때렸다. 그자는 뒷걸음

• 포츠담 선언의 10항은 포로를 학대한 전쟁 범죄자를 엄격하게 처벌하고 재판하겠다는 내용이 핵심이다.

7

일본의 패망 이후 인도네시아는 곧바로 독립을

쟁취하지 못했다.

연합군의 일원이자 이전에 인도네시아를 통치했던

네덜란드가 다시 식민 통치를 하려 했기 때문이다.

연합군 진영의 미국, 영국, 호주는 개입하지 않겠다고

선언했고, 결국 1945년 8월 17일, 인도네시아가

독립을 선언하자 두 나라 사이의 전쟁이 시작되었다.

인도네시아의 독립 전쟁은 1949년 12월까지 4년에

걸쳐 벌어졌고 80만 명이 사망했다.

으로 물러나면서 손찌검을 피하려다 발이 미끄러져 하수구로 넘어졌다. 그날 공교롭게도 나막신을 신고 있었던 것이다. 그는 뇌진탕이 오면서 다시는 일어나지 못했다. 불의의 사고였지만 사람이 죽어 버렸다.

모든 것에 일본군의 군기를 적용해야 하니 경례 같은 것도 규칙이 되었다. 갓 들어온 젊은 훈련병의 미숙함에 상관은 따귀를 갈기고 얼차려를 줘 육체적인 고통을 안겼다. 그러나 그 안에는 보이지 않는 애정도 분명히 있었다. 상하 관계는 엄격했으나 우리 중대, 우리 분대 등 '우리'라는 의식이 작용했다. 포로의 경우 그 정도로 엄하게 군기를 잡거나 무리한 노역을 시키지는 않았다. 그러나 우리와 포로 사이에는 근본적으로 적대 관계라는 의식이 깔려 있었다. 언제 무슨 사태가 발생할지 늘 염려해야 했다.

당연히 서로 간에 애정이란 있을 수 없었다. 생과 사를 오가는 극단적 상황을 염두에 두어야 했기에 언제나 명령은 준엄했다. 게다가 피부색의 차이나 언어 불통, 종교의 몰이해 등이 복합적으로 작용했다. 전쟁에서의 진퇴 과정도 마찬가지였다. 일본군이 승리를 거듭하면 고위 장교들의 낯꽃이 폈고, 패전의 연속, 옥쇄 등의 정보가 입수되면 그들의 안색에는 어둠이 깔렸다. 그것들이 포로의 처우에도 암암리에 영향을 끼쳤다.

상관의 일언일구는 부하들에게 민감하게 작용했다. 상관이 한 명을 골라내라 하면 부하는 둘을 골라냈고, 상관이 두 사람을 체벌하라 하면 그들은 세 명에게 벌을 줬다. 본래 사병이란 이성이 없어야 한다. 그것이 군대의 기능인가 보다.

우리는 우리가 그동안 수용소에서 벌인 하나하나의 행동에 대해 상부에 책임을 돌렸다. 하지만 내심 기우에 찬 나날이 이어졌다. 갑자기 조선인 민회에도 출역하라는 명령이 떨어졌다. 비행장으로 가서 활주로의 물을 쓸어 내라는 것이다. 직접 가서 보니 넓디넓은 아스팔트에 물이 잔뜩 고였는데 퍼 나를 도구가 없었다. 손으로 혹은 모자를 벗어 쓸어 내야 했다. 매일 비가 내렸는데 비를 맞으면서도 그 작업을 계속했다. 변명이나 의견 따위는 받아들여지지 않았다. 며칠이나 계속했을까. 비행장에는 성능 좋아 보이는 비행기들이 많이 이착륙한다. 한쪽 구석에 있는 일본 비행기는 밑에서 핸들을 손으로 돌려 시동을 걸었다. 특이하면서도 한편으로는 의문이 들었다. 그동안 고작 저따위 비행기로 전투를 했단 말인가?

그 후 우리는 영국군 부대의 잡역을 돕게 되었다. 청소에서 취사 보조까지 여러 가지를 망라했다. 그들은 우리를 조니˙라

• 당시 연합군은 조선의 앞글자 '조'를 따서 '조니(Jony)'라는 멸칭으로 조선인을 부르곤 했다.

고 불렀다. 그들의 입에서는 항시 노래가 흘러나왔다. 전쟁에서 승리했고 귀국 날짜가 가까워져서이기도 하겠지만 부대의 특성인 것도 같다. 어떤 병사 하나는 페인트칠하는 일이 직업이었다고 한다. 그는 무엇이 그리 즐거운지 빨간 얼굴색에 자주 폭소를 터뜨렸다. 종종 손가락으로 시늉을 하며 여자를 하나 구해 달라고 애원하기도 했다. 우리는 그를 원숭이라고 별명지었다.

일본군이 무장 해제했으니 영국군 입장에서는 이제 할 일이 없을 게다. 독립군과의 싸움에 가담하는 것은 어리석은 일이다. 구판장이나 홀 같은 오락 시설을 만드는 일, 막사 주변에 기름을 뿌려 벌레를 없애는 일이 그들의 주요 업무다. 영국군은 화란군을 일컬어 "더취, 더취(Dutch, Dutch)!" 하면서 그들에 대한 감정이 좋지 않음을 노골적으로 표시한다. 예전부터 양국 사이에는 식민지 쟁탈전의 역사가 있었다.[*] 화란인 비하는 아직도 그 역사가 계속되고 있다는 것을 보여 주는 증거일지도 모르겠다.

연합군의 군량은 대부분 미군의 원조에 의지했는데, 시중

---

[*] 영국과 네덜란드는 19세기 후반 남아프리카에서 보어 전쟁(Boer War)으로 격돌한 적이 있으며, 동남아시아 식민지 쟁탈의 경쟁 관계였기 때문에 같은 연합군 진영이지만 미묘한 긴장감이 있었다.

에 미군이 뿌린 레이션이 범람했다. 고기 깡통 한 개와 원주민 아이들이 내민 감자 두세 개가 맞교환된다. 이제 육류는 지천에 넘치는 듯하다. 연합군은 소고기는 대강 살만 도려내어 먹고, 갈비나 머리뼈는 모조리 묻어 버렸다. 우리는 그것을 다시 파내어 뜯어먹기도 했다. 두 보초병 중 한 명이 취사장에 소리를 치니 두 점의 카스텔라 빵이 나왔다. 한 명이 그 빵을 게걸스럽게 먹는데, 다른 한 명은 아무런 기색도 드러내지 않았다. 우리 같으면 한 점이라도 같이 나눠 먹을 텐데…. 그들의 개인주의가 철저함을 느꼈다.

갑작스러운 승선 명령

어느 날 우리는 갑작스러운 승선 명령을 받고 화란 국적의 거
대한 여객선에 올랐다. 예감이 좋지 않았다. 선실에는 좋은 침
대가 놓여 있었지만 옆으로 젖혀져 있고 우리는 인원이 많아
서 대부분 바닥에서 자야 했다. 냉온수가 나오는 세면대에서
축 늘어지는 긴 머리를 감고 바깥으로 나가 보니 싱가포르로
향하는 것 같았다. 물론 이 배는 서양을 왕래하는 화란 여객선
이니 종국에는 서양으로 가겠지. 우리 머릿속에는 늘 포츠담
선언의 10번 조항이 담겨 있다. 동료들도 앞으로의 운명에 대
해 길게 이야기하려 하지 않는다. 우리의 앞날은 한 치 앞도
분간하기 힘들기 때문이다.

• 일본의 항복 이후, 네덜란드군은 조선인 포로감시원들에게 일체 집합 명령과
구금 조치를 시행했다. 이들은 피고인 용의자 신분으로 전환되었다.

배는 큰 바다로 나아가며 속력을 더했고 육지는 점점 멀어
졌다. 나는 조그마한 둥근 창유리에서 눈을 떼지 않았다. 먼
해변의 야자나무가 아른거리는데 곧 큼지막한 열매가 떨어질
것만 같았다. 나도 모르게 뜨거운 눈물이 흘러 한 손으로 얼굴
을 가려 보았다. 하푸카스 그녀와 작별 인사도 나누지 못했는
데…. 나와의 운명은 여기까지인가. 나는 속으로 중얼거렸다.

"언젠가는 기어코 이 배를 타고 함께 고향에 가서 조부님
께, 부모님께 절을 올릴 거야. 그러면 조부님은 집안을 더럽혔
다고 꾸지람을 하시겠지. 하지만 나는 사과하고 시대의 변천,
개화를 말씀드려야지. 잘 설명하면 조부님도 반드시 나를 용
서하실 거야. 그리고 내심 좋아하실걸. 그러고 나면 동네 사람
이나 남들은 흥미롭다며 호감을 느낄 것이고, 결국은 부러워
하며 샘을 내겠지."

다시 정신을 차리고 지금의 처지로 돌아왔다. 잠시간의 헛
된 망상에 쓴웃음이 나왔다. 그 와중에 곁에 있던 친구가 내
안색을 살피며 말을 걸어 온다.

"너, 울고 있니?"

"별거 아니야."

나는 한 손으로 눈물을 훔쳤다.

"그 여자 생각하는 거지?"
"……."
"넌 네 걱정이나 해."
"그래. 그래야지."

나는 다시 돌아앉았다.

다음 날 우리는 싱가포르항 부두에 내렸다. 총을 든 영국군 병사들의 경계가 삼엄하다. 우리는 검은 포장을 친 트럭에 나눠 탑승했다. 우리가 탄 트럭 전후좌우로 일고여덟 대의 무개차들이 호위했다. 난생 처음 경험해 본 엄중한 경호다. 이 트럭은 어디로 가는 것일까. 우리는 어디로 보내지는가.

컴컴한 트럭 속에서 누군가 외쳤다.

"빼앗길 수 있으니 시계, 파카 만년필 같은 걸 감추자!"

그러자 여러 사람의 손목에서 시계가 끌러졌다. 몇 명은 귀중품을 감추려는지 부스럭거린다. 하지만 어느새 목적지에 도착한 모양이다.

싱가포르 창이 전범 수용소

번번한 언덕 위에 높다란 담벼락, 그 모퉁이에 망루가 보이고 서치라이트가 햇빛에 반짝인다. 보아하니 형무소였다. 웅장한 성곽처럼 거대한 규모를 자랑하는 이곳은 우리가 경험해 본 평범한 형무소는 아닌 것 같았다. 정문의 육중하고 흰 철판이 요란한 소리를 내며 위로 열렸다. 그 안으로 들어가니 이번엔 이중 철책 문이 '끼익' 소리를 내며 옆으로 열린다. 우리를 실은 트럭은 그 속으로 쑥쑥 빨려 들어갔다. 나무 방망이를 든 병사들은 우리에게 뭐라고 소리를 질러 대며 철망을 거칠게 두드렸다. 우리는 쫓기고 또 쫓겼다. 정문에서부터 양편이 철망으로 된 통로를 따라 약 25미터 간격으로 철문이 있었다. 문을 열 때마다 방망이를 쥐고 낙하산 표시의 모자를 쓴, 코 큰 얼굴들이 보인다.

위로 올라갔다 아래로 내려갔다 하는 쳇바퀴 속의 다람쥐 같은 걸음으로 문을 열다섯 개나 거쳤다. 우리는 가지고 온 가방에서 모포와 수건 한 장씩을 빼냈다. 혁대를 풀고 신발을 벗어 가방에 넣고 이름표를 붙였다. 나중에 조금 널따란 광장에 나가서 보니 우리가 있던 곳은 D 블록이었다. 정신을 다잡고 살펴보니 시멘트색으로 된 이 건물은 지하 1층에서 지상 4층까지 있다. 주위의 높은 담 안에는 얕은 담이 있는데, 담 윗부분이 둥근 모양이라 밧줄 같은 것이 걸쳐질 구석은 없어 보였다. 누군가가 이곳이 창이 형무소라 했다.

일전에 수마트라 섬까지 포로를 수송한 후 돌아올 때 싱가포르에서 명물 하나를 본 적이 있다. 홀로 높이 솟아 있는 16층 건물인 대동아극장이었다. 조선이나 일본에서는 높다고 해 봐야 5층이나 6층 정도인데 그에 비하면 대단한 높이다. 그런데 창이 언덕에 자리잡은 이 거대한 성곽도 그것에 비견할 만한 명물 같다. 지은 지 얼마 안 되어 보이는 깨끗한 이 양회* 빌딩은 연륜에 걸맞지 않게 벌써 많은 사연을 가지고 있다. 분명 세월이 흘러 누군가가 외국인 관광 코스로 개발한다면 훌륭한 유적지가 될 것이다. 영국은 동남아 식민지 정책을

---

* 건설 작업의 핵심 재료인 시멘트를 지칭하는 옛 이름이다.

펴는 과정에서 다른 복지 시설을 건설하기에 앞서 이 거점 도시에 튼튼한 방범 요새를 만들었다.

우리에게는 건물 안을 구석구석 들여다볼 자유도, 권한도 없다. D 블록에 들어온 사람은 감방과 좁다란 뜰, 식당을 오르내릴 수 있을 뿐, 끝까지 D 세계의 인간이기 때문이다. 다른 블록에 가려면 달나라에 가는 것만큼 많은 관문을 통과해야 한다. 나이 어린 이 형무소에서 이미 여러 종류의 인간들이 복역했을 것이다. 전쟁이 터지고 일본군이 들어오자 많은 죄수가 풀려났고 빈방이 생겼다. 일본군은 영국이나 연합국의 부녀자와 일반인을 3년 동안 이 집 주인으로 삼았다. 전쟁이 끝나자 이곳 간판은 바뀌었다. 창이 형무소는 이제 전쟁 범죄자 수용소이자 재판소가 되었다.

우리 조선인 학생은 육칠백 명이나 될까. 나는 여기서 우리를 학생이라 지칭해 본다. 오늘부터의 생활은 우리가 경험했던 것과는 전혀 다르고 모든 것을 하나하나 새로이 배우는 삶이기 때문이다. 맨발이 된 우리는 계단을 올라 자기 방을 정한다. 2미터 반 정도 되어 보이는 감방 가운데에는 시멘트 침대와 베개가 붙어 있다. 침대 양편에 한 사람씩 더 누울 공간이 있고, 머리를 바깥 벽에 대면 바로 위쪽에 조그마한 창이 있어 바람이 잘 들어온다. 발끝에서 30센티미터쯤 떨어진 곳에는 구멍이 하나 뚫려 있는데, 그게 바로 화장실이다. 용변을 마치면 수통 물로 씻어내야 한다. 그 옆에 있는 철판으로 된 출입문은 밖에서 열쇠를 돌려야만 열린다. 잠글 때는 여닫으면 자동으로 쇠가 걸린다.

문에는 밖에서 안을 들여다볼 수 있는 작은 눈구멍이 붙어 있다. 문을 열고 나서면 좁은 복도가 나오는데, 손잡이 파이프 너머로는 철망이 깔려 있다. 철망은 길게 건물 중앙에 깔려서 맨 위 지붕에서 내려오는 빛을 통과시킨다. 복도 끝으로 가면 건물 측면이고 그곳에서 빛이 들어온다. 발돋움해서 밖을 볼 수 있는 유일한 창구이기도 하다. 이 건물에는 관리실이나 망루 외에는 유리 한 장 쓴 곳이 없다. 1층으로 내려가 시멘트로 만든 식탁이 늘어서 있는 식당 입구를 지나면 조금 널찍한 흙바닥의 마당에서 하늘을 볼 수 있다. 우리는 낮이면 마당에서 살고 밤이면 감방으로 간다. 감방 문이 닫히기 전에 복도 끝으로 가서 발돋움을 하고 외계의 나무와 길 다니는 사람을 잠깐 보는 것이 유일한 자유일 것이다. 아니, 자유를 본다고 이야기하는 게 맞을까?

학생들은 먹는 것부터 배웠다. 아침이면 미군 레이션 박스에서 나온 크기 5센티미터에 두께 4밀리미터의 짭짤한 비스

창이 형무소의 수감자 시설 전쟁이 끝날 당시 창이(Changi) 형무소에 수감되어 있던 연합군 포로들의 모습이다.

킷 두 장과 한 장이 채 못 되는 3분의 1이 지급된다. 점심은 건너뛴다. 저녁은 소금물에 삶은 옥수수알이 나온다. 작은 주먹으로 한 움큼이나 될까. 옥수수 낱알을 하나하나 세어 보니 115개가 된다.

하루이틀이 지난다. 급변한 식사에 위장이 놀랐을 것이다. 일주일, 열흘 단식 요법이라는 것도 있으니 혹시 모를 변화를 기대해 본다. 하지만 그런 식으로 20일을 보내고 나니 몸에 저축되었던 지방이 모조리 빠졌다. 이제 동료들은 모이면 음식 이야기만 한다.

"야, 전에 반둥에서 먹은 스키야키가 너무 생각난다."

"아니야. 그 레스토랑은 염소 구이가 좋았어!"

"아, 김치 생각난다. 겨울에 돼지고기 잔뜩 넣어서 지져 놓으면 얼마나 맛있어!"

"이 새끼들 너무하네."

"그러게. 저놈들이 고생은 했지만 우리가 음식을 이런 식으로 준 적은 없었지."

"하루에 비스킷 두 장, 옥수수 한 주먹. 그게 다 뭐냐."

눈 깜짝할 새 한 달이 넘어간다. 아무런 변화가 없다. 당장은 먹을 것이 문제였지만 앞으로 우리를 어떻게 할 것인지 그 의도는 전혀 알 수 없다. 저들이 하는 일이라고는 사진을 찍어 가는 것뿐이다. 앞으로 찍고, 옆으로 찍고. 그런 식으로 몇 번이고 사진을 찍는다.

이제 두 달이 넘어간다. 그동안 화장실은 다섯 번이나 갔을까. 아흐레나 열흘쯤 되니 힘을 쓴 끝에 대변 한 덩이가 까맣게 나온다. 그래도 변이 안 나오면 고무줄을 항문에 넣고 비눗물을 붓는다. 그러면 속이 놀라 변소에 갈 수 있다.

모두가 젊은이들이라 그럭저럭 이 생활을 감당한다. 그러나 체격이 좋은 이는 시장기를 참지 못한다. 죄다 눈은 푹 꺼지고 피골이 상접했다. 거인은 광대뼈만 툭 불거진 소인이 된다. 학생이라는 자칭은 잊어버린 지 오래다. 방망이를 든 영국 병사는 그전에 포로였을 때는 우리를 '조니'라 부르더니 이제는 '오이' 하고 부른다.

고통스러운 수용소 생활

석 달이 지나고 넉 달이 되니 늑골이 적나라하게 불거졌다. 마치 뼈로만 걸어 다니는 인간 같다. 어쩌다 수용소 밖에서 작업할 일이 생겼다. 굶주린 우리는 밭에서 김매는 시늉을 하면서 뿌리고 잎이고 먹을 수 있는 것들은 죄다 뜯어 입에 넣었다. 우리가 밭을 완전히 망쳐 놓은 것이다. 그 후 그 작업은 중지되었다.

하루는 장작을 패라는 명령을 받고 아름드리 나무뿌리를 모아 놓은 광장으로 나갔다. 그것은 차마 먹을 수 없는 나무였다. 하지만 몇 달 동안 배를 굶주린 우리 눈에는 그것도 먹을 것으로 보였다. 이러니 장작을 패라는 명령이 잘 수행될 리가 없었다. 한참 후, 수용소 소장이라는 영국인 중위가 관사에서 나왔다. 곧 터질 듯한 뚱뚱한 배를 밴드로 매고 지휘봉을 들며 말한다.

"너희들 코리언이지. 일은 안 하고 무슨 꾀만 부리고 있는 거야! 이런 놈들이 포로더러 일 시키고 학대하고!"

우리는 속으로 중얼거린다.

"저 새끼, 말하는 것 봐. 저것들이 일본인보다 우리를 더 미천하게 보는 거야."
"영국하고 일본하고는 통하는 점이 많잖아. 같은 섬나라고 식민지가 있고."
"우리가 언제 포로한테 일하라고 재촉했나."
"맞아. 경례 같은 걸 안 한다고 좀 심하게 굴었던 사람은 있긴 해도."
"그게 몇 사람이나 되냐. 그런 사람 때문에 우리가 이렇게 고생하는 게지."
"그래, 정말 몇 사람 때문이지. 따귀 하나 때리다 잘못해서 자빠져 죽은 놈도 있잖아."
"그러고 보니 그놈 죽인 애는 안 보인다."
"그 애는 진작 없어졌지."

"어디로 갔어?"

"자바에 있을 때 독립군 쪽으로 넘어가 버렸대."

"참 잘 도망쳤네."

"그런 애들 찾느라 우리가 이러고 있는 거잖아."

"야, 그런데 그 의무 담당하던 애 있지."

의무 담당하던 애라면 나도 기억이 났다.

"그 애가 큰일이 났단다!"

수용소 안에서는 사실과 거짓을 분간할 수 없는 다양한 이
야기가 하루에도 몇 번씩 쉴 틈 없이 오갔다.

"요새 날마다 조사받으러 나가는데 그 애한테 막 온갖 잘못
을 덮어씌우더래."

"그 애가 무슨 잘못이 있다고. 아픈 자 있으면 있는 약 주고
그랬을 뿐인데."

"글쎄, 약도 잘 안 주고 치료도 잘 안 해 줬다 그랬대."

"참 내, 약이 있어야 주지. 그리고 아프면 환자 수용소로 보
내면 될 것 아냐."

"그러게 말이야. 그게 다 상부의 잘못이지. 우리에게 무슨 권한이 있었냐."

"○○도 포로가 죽은 사건하고 관련이 있다고 데려갔어."

"아무리 부인해도 소용없고 이름이, 아니 성이 같은 모양이지. 그래서 요새 정신이 돌아 버렸다더라. 헛소리만 하고."

"아이고, 불쌍하다. 나도 같은 이름이 나오면 어떡하지?"

"이름이 같고 경력이 같으면 꼼짝없이 당하는 모양이야. 아무리 다른 사람이라 해도."

"경력이 아주 엉뚱하게 다르면 또 모르지만, 근무지만 조금 다르면 거짓말한다고 마구 뒤집어씌운대."

"포로가 하나 죽었으면 우리는 셋씩이나 사형을 시킬 모양이야."

"그나저나 ○○는 불쌍하다. 어떻게 머리가 돌아 버렸대."

"남의 일이 아니다. 언제 내 앞에 닥칠지 모를 일이야. 그 애는 감방에서 밤이면 별이 보인다고 하고 하늘에 대고 손가락질하고 그런가 봐. 헛소리만 하고."

넉 달, 다섯 달이 지나는 동안 우리의 생명줄인 식사에는 조금도 변함이 없다. 우리가 줄지어 식당에 들어가면 비스킷 두 장과 3분의 1조각이 정확하게 배분되어 있다. 그러나 그 조각

마저 조금씩 크고 작은 차이는 있다. 한쪽부터 차근차근 자리를 밀려 앉는데, 조금 큰 조각이 있던 자리에서 작은 조각의 자리로 밀려나면 그때의 식사는 매우 섭섭하다. 옥수수는 국물에 가라앉아 내용물이 보이지도 않기에 말할 것도 없다.

어느 날 우리는 사무실에 갔다가 돌아오는 길에 돼지 한 마리를 보았다. 안에 있는 경비병들이 그들의 먹잇감으로 키우는 것이다. 돼지는 시원한 시멘트 바닥에서 배불리 먹고 잠자고 있었고, 그 곁에는 돼지감자가 잔뜩 쌓여 있었다. 경비병의 눈만 없으면 그 감자는 순식간에 없어질 것이다. 우리 중 하나가 말했다.

"저 돼지 팔자도 참 좋네. 죽을 날까지 배불리 먹고."

또 한 명이 말했다.

"지금이라도 풀려난다면 그래도 내 팔자가 나은 건데……."
"이대로 가다 끝까지 못 풀려나면 어쩌지?"
"돼지가 낫겠네. 나도 돼지처럼 내일 일은 걱정 안 하고 산다면 좋겠다."
"네 말이 옳다. 우리는 언제쯤 결말이 날까?"

하는 일도 없지만 결말도 나지 않는 나날이 계속된다. 낮이면 건물 벽 그늘 밑에 앉아 시간을 보내는 것이 상책이다. 앉아 있다 일어서면 피가 하체로 주르륵 내려오는 탓인지 머리에 한기가 생겨 찬물을 끼얹은 것 같다. 만약 시멘트 바닥에 넘어지는 날이면 그대로 피를 쏟고 빈혈을 면치 못할 것이다. 그러나 한 가지 의문점이 있다. 전에 이곳 싱가포르에 몇 차례 출장 온 일이 있는데 그때마다 2주일쯤 지나면 각기병에 걸려 장딴지가 무겁고 걷기가 곤란했다. 그때의 식사는 백미에 건채소 국물이었고, 각기병의 원인은 생채소를 먹지 못한 탓이었다. 그런데 지금은 각기병에 걸리지 않는다. 생명 유지조차 어려워 보이는 이 비스킷과 옥수수 국물에 영양분이 있단 말인가? 참 희한한 일이다.

더불어 한 가지 큰 은총이 있다. 여기는 열대 지방이지만 창이의 언덕에는 항시 시원한 바람이 불어온다. 겨울이 닥쳐올 염려도 없다. 감방 안에서 시멘트 바닥에 담요 한 장 깔고 누우면 늘 쾌적하다. 청소가 잘되고 나무 하나 없어서인지 모기 한 마리 없다. 나는 그나마 다행이라고 생각했다. 북국의 땅에서 이 같은 상황에 놓였더라면 나는 이미 죽고 없었을 것이다.

치피낭 형무소

어느 날 갑작스레 이동 명령을 받았다.* 우리는 트럭에 실린
채 부두로 가서 승선했다. 늘 그렇듯 행선지는 알려지지 않았
고, 내 판단으로 고국으로 향하는 배는 아니라는 것을 짐작했
다. 그렇다면 어디로 가는 것일까. 창이의 감옥보다 더 무서운
곳으로 갈까. 아니면 더 나은 곳으로 가는 것일까. 그전에 우
리가 소문으로 듣던 대로 뉴기니로 가서, 화란인을 위한 개척
사업을 하고 7년을 썩어야 할 것인가. 그렇지 않으면 또 어디
로 가서 세상을 헤매게 될 것인가.

배는 동쪽으로 항로를 잡았다. 선실에 박힌 채 나오지도 못

---

* 외할아버지는 싱가포르 창이 형무소에서 취조를 받다가 구체적인 혐의가 드러
났는지 자카르타 인근 치피낭(Cipinang) 형무소로 옮겨져 구금되었다. 그곳에
서 조사를 받던 중, 1947년 3월에 석방되었다.

하지만 소변 볼 때만은 예외다. 그렇기에 바람 쐬러 나온 소변 행렬이 매우 길다. 낯익은 바다다. 그전에 여러 번 왔다갔다 했던 곳이다. 그때와 같이 물은 푸르고 바람도 시원하다. 태양 때문에 머리 위에 드리워지는 그림자가 짧다. 그런데 나는 왜 이렇게 갑판 위에서 흔들리는 것인가. 곧 거꾸러질 것 같이, 우리 모두는 오랜 동면에서 깨어나 땅 위로 나온 개구리처럼 흔들린다. 아무래도 이동하는 장소에서 오랫동안 머무를 것 같다. 음식도 조심하고 조섭*을 잘해야 걸음걸이도 제대로 할 수 있을 것이다. 선원들이 지도를 가지고 위치를 가리키며 무어라 이야기한다.

도착한 곳에서 우리는 또다시 감방을 배정받는다. 감방 한 곳에 약 스무 명씩 머무르게 되었다. 가운데에 복도가 있고 양편에는 나무 마루가 있는데 그게 침대를 대신한다. 치피낭 형무소에는 작업장이 있다. 철공, 목공, 재봉 등이 있어 무슨 일을 할지 고를 수 있다. 작업을 희망하는 날이면 작업장에 나간다. 작업을 마치고 돌아오면 도로 감방 신세가 된다.

이곳에 도착해 크게 변한 것이 하나 있다. 바로 식사다. 밥그릇은 흔히 볼 수 있는 납작한 타원형의 정어리 깡통이다. 높

⁑ 조섭(調攝)이란 건강을 유지하기 위해 몸을 자세히 살피는 일을 의미한다.

이 2센티미터 남짓, 길이 14~15센티미터 정도다. 잡곡을 섞은 쌀밥이랄까, 비빈 밥이랄까. 한때는 국물도 곁들여진다. 얄팍하게 담은 것이라 배를 든든하게 채우지는 못하지만 그래도 지독한 공복감만은 면한다. 때로는 바깥에 있는 일반 수용소 포로들이 우리를 위해 보내온다는 옥수수 비스킷을 두세 장씩 받아먹는다. 맛이 고소하다. 가끔 설탕이나 담배도 조금씩 들어온다.

이것이야말로 우리에게는 큰 변화다. 이곳에서는 운동만 하지 않는다면 지독한 공복감 없이 지낼 수 있다. 지금까지 굶주렸던 탓에 갑자기 너무 잘 먹게 되면 오히려 큰 탈이 날 게다. 이만하길 다행이지. 감방 문만 열어 놓으면 수용소 안에서는 어느 정도 돌아다닐 수도 있으니 그런대로 자유로운 기분이 들겠다고도 생각했지만 역시 마음대로 될 리는 없었다. 문에는 자물쇠가 굳게 채워진다. 큰 고난을 겪고 난 뒤인지라 그저 이것만으로 족하다고, 감사하다는 생각도 든다.

나는 작업 중에서 재봉부를 선택했다. 배가 고파서는 힘든 일을 하기가 어렵다고 생각했기 때문이다. 팬티 만드는 것이 매일의 과제다. 날마다 밥을 먹은 후 작업장으로 가서 천을 세 조각씩 얻어 팬티를 만들었다.

8

자카르타에 위치한 치피낭 형무소는
20세기 초 네덜란드 식민 정부가 인도네시아의
독립운동가를 수감하기 위해 지었다.
태평양 전쟁 당시에는 포로수용소로 사용되었고,
오늘날에는 인도네시아 최고 보안 수준의
형무 고도 시설로 사용되고 있다.
치피낭 형무소는 열악한 수용 환경으로 인해
최근까지도 몇몇 인권 단체의 조사와 비판을
받았다.

어느 날, 가는 나무에 걸쳐 놓은 천장 서까래 위 기왓장이
파손되어 비가 약간 샜다. 엊그제 인도네시아 독립군의 총탄
이 뚫은 것이다. 하마터면 기와 파편에 크게 다칠 뻔했다. 감
방 너머 어딘가에서 산발적으로 총성이 울린다. 자카르타 가
장자리에 있는 이 형무소 바깥에서는 독립군과 화란군 사이
에 치열한 접전이 벌어지고 있다. 일본이 패망하고 1년이 지
난 지금까지 양자 간 타협은 이루어지지 않는다. 어디서 들어
왔는지 중국어로 적힌, 날짜가 지나 버린 구겨진 신문이 가끔
눈에 보인다. 그 신문이 유일한 정세 파악의 자료다.

석방과 교수대 사이에서

간혹 명단을 들고 나온 경비원과 통역관이 감방을 돌아다니며 몇 명의 이름을 큰 소리로 읽는다. 하지만 그런 상황은 한 달에 한 번도 안 된다. 그것은 석방되는 자의 명단이다. 사실 진짜 석방인지, 아니면 다른 의도가 있는지는 모르겠다. 하지만 몇 사람의 이름이 연이어 불리면 우리는 그들이 석방되는 것이라고 믿고 있다.

우리의 온 신경은 그 명단에 쏠려 있다. 오늘도 내일도 마음 가운데 그 명단이 자리잡고 있다. 한방에 같이 들어와서 몇 달간 생사고락을 함께했던 동료가 삼삼오오 운명을 달리한다. 한두 명씩 조사 받으러 갔다가 이틀 사흘 뒤 자기 사물, 즉 모포와 밥통과 물통, 비누, 칫솔 등을 가지고 나가면 전범 용의자만 작은 감방으로 옮겨진다.

사형 선고를 받고 교수대로 향하는 일본군 장교 직접 전투에 참여하지는 않았지만, 조선인 포로감시원 역시 일부는 형장의 이슬로 사라졌다.

나의 운명은 실로 풍전등화 격이다. 언제 교수대가 나를 부를지 모른다. 이 머나먼 이국땅에서 겪는 운명의 장난 치고는 너무 가혹하다. 다른 감방에 남아 있는 자들은 서로의 심정을 헤아릴까? 설령 이해한다 하더라도 별다른 도리도, 수단도 없다. 그저 복도 철창 밖으로 오늘의 조사나 재판 과정을 잠시 물어볼 수밖에. 내가 그들과 한몸이 되어 걱정한다거나 그들을 대신할 수도 없다. 아무 조언도 실효가 없다. 같이 눈물을 흘릴 수 있다면 그것이 최대의 위안일 것이다.

어떤 날은 대여섯 명의 명단이 한꺼번에 나온다. 그들도 마찬가지로 약간의 소지품을 싸서 감방 문을 나선다. 감시병에게 인솔되어 정문으로 나간다. 같은 방을 쓰던 자와 작은 감방으로 옮겨져 있는 자들에게 고개를 한 번 끄덕이고 나갈 뿐, 잠시 이야기를 나누거나 눈물을 흘릴 여유조차 허락되지 않는다. 그저 어디론가 가야만 한다. 무슨 운명이 그들을 부르고 있는지는 그다음 자리에 가서 그때그때 부닥쳐 보아야 알 수 있다. 석방이라는 것은 추측일 뿐이다.

큰 감방에서 이리저리 사람이 빠져나가고 나를 포함해 대여섯 명이 남게 되었다. 이제는 이 감방 안에 한 사람은 저쪽에, 다른 한 사람은 다른 쪽에 고독하게 앉아 있다. 차라리 우리가 창이에 처음 왔을 때처럼 방이 가득 차고 밤이면 댄스를 배우던 순간이었으면 좋았을 것을.

불안과 고독이 온몸에 스며든다. 이러한 마음이 내가 전범 용의자라는 증거일까? 하지만 좀처럼 조사를 진행하지도 않으니 혹시 전범이 아닐지도 모른다. 그렇다면 언젠가 석방을 할 셈인가. 이런저런 말도 없으니 석방을 보장한 것도 아니다. 그럼 제 2단계의 용의자란 말인가? 아마 그런가 보다.

어느 사건의 범죄자를 찾고 있는데 미궁에 빠졌다고 치자. 성이 같거나 경력이 같은 용의자를 찾았는데 사진 속 인물과는 들어맞지 않는다. 사건이 해결될 때까지 일단 용의자를 유치해야 한다. 그들에게는 이것이 옳은 견해일 것이다. 그러나 우리로서는 자세한 내막을 알 도리가 없다. 감시병에게 물어볼까? 그것은 허사다. 그들은 우리에게 무엇을 알려 주는 인재가 아니다. 그들도 상세한 것은 알지 못한다. 그들은 우리가 뭔가를 위반하면 엄중하게 처벌할 준비를 하는 감시 경찰이며 보복하는 자이지, 친구가 아니다.

예전 생각이 난다. 우리가 포로들을 감시했을 때 약간의 친절과 연민을 보였더라면, 저들도 지금 우리에게 두 배의 호의와 동정으로 갚으련만. 우리는 그렇게 하지 못했다. 눈에는 눈, 이에는 이. 그들이 우리를 이렇게 대하는 것도 한편으로는 이해가 간다.

침울에 싸인 허전한 방.
나는 오늘도 번민에 잠긴다.

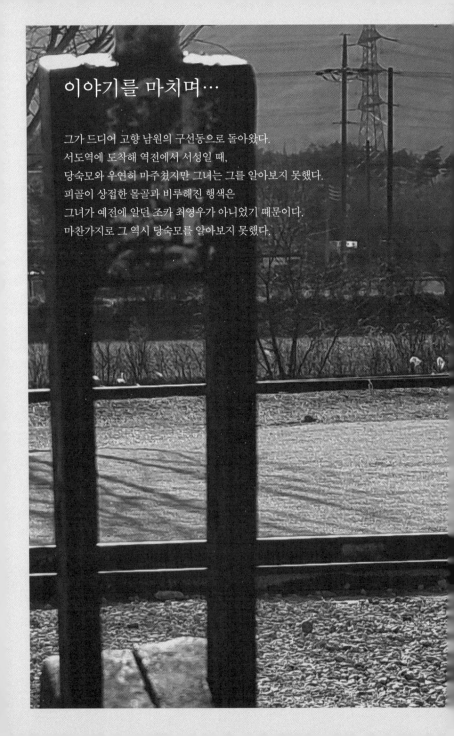

이야기를 마치며…

그가 드디어 고향 남원의 구선동으로 돌아왔다.
서도역에 도착해 역전에서 서성일 때,
당숙모와 우연히 마주쳤지만 그녀는 그를 알아보지 못했다.
피골이 상접한 몰골과 비루해진 행색은
그녀가 예전에 알던 조카 최영우가 아니었기 때문이다.
마찬가지로 그 역시 당숙모를 알아보지 못했다.

고향으로 돌아왔지만

1945년 8월, 일본이 드디어 패망했다.

포로감시원들은 전쟁이 끝나면 바로 고향으로 돌아갈 거라는 부푼 가슴을 안고 있었지만 헛된 꿈이었다. 연합군의 일원이자 인도네시아의 식민 지배국이었던 네덜란드는 일본이 항복한 후 승전국의 일원으로 인도네시아를 다시 점령했다. 네덜란드군은 당시 조선인 민회라는 단체를 결성해 자신들의 의견을 개진하려고 움직이던 포로감시원들을 의심스러운 눈초리로 주시했다. 결국 네덜란드군은 포로감시원들을 테러리스트 단체가 될 위험성이 있다고 간주하고 전원 구금시킨다. 조선인 민회에 섞여 있던 나의 외할아버지 역시 포로감시원에서 포로 및 전범 용의자 신분으로 전환된다. 그는 다른 포로감시원들과 함께 싱가포르 창이 형무소로 옮겨져 여러 차례 취조를 받다가 자카르타 인근 치피낭 형무소로 이감된다.

누군가는 무혐의로 방면되어 고국으로 돌아가는 배를 탔다. 운이 좋았는지 그 역시 귀향선을 탔다. 배를 탄 이들은 안도의 한숨을 내쉬었고 그도 고향으로 돌아간다는 생각에 가벼운 흥분이 일었다. 하지만 그들을 태운 배는 항구 주변을 천천히 돌더니 다시 항구로 돌아왔다. 연합군 전범 조사부가 재조사를 명목 삼아 뒤늦게 배를 붙잡아 세운 것이다. 배를 탔던 포로감시원들은 형무소로 돌아갔고 전범자들을 색출하는 혹독한 고초를 다시 겪어야 했다.

결국 어떤 이는 재판 끝에 사형을 언도받고 형장의 이슬로 사라졌다. 중형을 언도받은 이는 다른 감옥으로 이감되기도 했다. 이런 식으로 감옥 안 포로감시원은 서서히 줄기 시작했다. 하지만 그에게는 어떠한 결과도 통보되지 않았다. 그는 무죄 방면이 될지 기결수가 될지 본인의 운명을 알지 못했다. 초조하게 결과를 기다리며 밤을 지새우거나 옆방 동료가 사형수가 되어 울부짖는 것을 보며 공포에 떠는 기약 없는 나날이 이어졌다.

그렇게 하루하루 흘러가던 어느 날. 형무소 소속 연합군 장교에게서 석방 통보가 전달되었다. 1947년 3월이었다. 그는 자카르타 항구에서 조선인 동료 137명을 태운 귀환선을 탔다. 연합군은 귀환인들에게도 관리 번호를 매겼다. 그의 번호는 132번이었다. 배는 일본 히로시마를 경유해 같은 해 9월, 마침내 조선 땅에 도착한다. 1942년 8월에 부산을 떠나 약 5년 만이었다.

그가 드디어 고향 남원의 구선동으로 돌아왔다. 서도역에 도착해 역전에서 서성일 때, 당숙모와 우연히 마주쳤지만 그녀는 그를 알아보지 못했다. 피골이 상접한 몰골과 비루해진 행색은 그녀가 예전에 알던 조카 최영우가 아니었기 때문이다. 마찬가지로 그 역시 당숙모를 알아보지 못했다. 그는 오랜만에 도착한 서도역에서 구선동으로 가는 지리를 잊어버렸고 당숙모에게 다가가 길을 물었다. 당숙모는 초라한 차림의 그가 삭녕 최씨들의 집성촌인 구선동을 간다고 하니 누구인지 궁금해졌고, 한동안 뚫어지게 쳐다보았다. 오랫동안 얼굴을 훑고 나서야 그녀가 말했다.

"너 설마… 영우냐…?"

그가 마을 초입에 들어서자 사람들은 깜짝 놀랐다. 연락이 끊기면서 전쟁터 한복판에서 죽은 줄로만 알았던 그가 돌아왔기 때문이다. 집 뒷산을 향해 인당수를 떠 놓고 매일 기도하던 할머니는 그의 얼굴을 보고 까무러쳤다. 하지만 그에게서 늘 신나고 자신감 넘치던 예전의 기색은 찾아볼 수 없었다. 마을 사람들이 그의 낯빛에서 확인한 것은 긴 수감 생활로 인한 고됨과 우울함이었다. 그러나 가족들은 그가 무사히 돌아온 것만으로도 감사했다. 같이 포로감시원으로 근무했던 마을 친구는 현지에서 영어 통역을 맡았을 정도로 뛰어난 인재였지만 고향에 돌아와서는 머리가 약간 돈 것 같다는 소문이 돌았다.

당시 한반도는 일본의 식민지 조선에서 신생 독립국 대한민국으로 정체성이 바뀌면서 세상이 뒤집히는 중이었다. 복잡하고 어지러운 상황에서도 다시 학구열을 불태운 그는 명륜대학(지금의 전북대학교)에 입학한다. 하지만 한국 전쟁이 터지면서 학교를 정상적으로 다니는 것이 불가능하게 되어 중퇴하고 만다.

포로감시원 생활과 전범 수용소에서 복역으로 5년 이상을 허비해, 전쟁이 터질 무렵 그의 나이는 서른을 향해 가고 있었다. 스무 살 초입이면 다들 결혼하고 가정을 꾸리던 시기였으니 서른 즈음의 그는 노총각이나 다름없었다. 좀처럼 결혼 생각이 없는 그를 바라보던 가족들은 행여 혼기를 영영 놓치는 것은 아닌지 걱정이 이만저만이 아니었다.

아직 전쟁이 끝나지 않았던 1952년, 그는 가족들의 재촉에 중매를 수락한다. 당시로서는 늦은 나이인 서른 살에 남원 옆 동네인 전남 곡성에서 자란 광산 김씨 집안의 김수임과 결혼하고 1남 3녀를 두었다. 뛰어난 미모로 동네에서 유명했던 그녀는 내성적으로 변해 버린 그와 달리 흥도 많고 요리 솜씨도 일품인 여인이었다. 곡성 사람들은 그녀가 왜 아직 자리도 잡지 못한, 일곱 살이나 나이 차가 있는 노총각과 결혼하는 것인지 당최 이해할 수 없었다.

가족이 늘어나자 그는 가장으로서 부쩍 책임감을 느끼고 초등학교에 취직해 학생들을 가르치기 시작한다. 그러나 전쟁과 감옥 생활로 쇠약해진 몸 탓에 오랫동안 서서 아이들을 가르친다는 것이 좀처럼 쉽지 않았다. 특히 칠판에 판서를 하기 시작하면 교실 안을 가득 메우며 날리던 분필 가루는 여간 고역이 아니었다. 결국 폐기종이 생기면서 어쩔 수 없이 교사 생활도 그만두고 만다. 그 후 그는 고향 구선동에서 양봉업을 하며 생계를 유지한다.

그는 매일 집으로 배달되는 《동아일보》를 통해 세상사를 훑었다. 신문을 읽어 내리면 자주 한숨이 나왔다. 온갖 부정부패가 만연하고 부조리한 한국이 지긋지긋했던 것이다. 전쟁 후

폐허가 된 암담한 현실은 그에게 무력감을 주었다. 정치, 경제, 사회, 문화의 모든 분야가 낙후된 상황은 감당하기 힘들었다. 영국과 네덜란드가 동남아시아의 식민지에 구축해 놓은 선진적인 시스템과 인프라, 전쟁과 수용소 시절 강대국인 미국이 보여 준 압도적인 국력을 몸소 체감한 그에게 고국은 매우 초라한, 아시아의 작은 후진국이었다. 하지만 그에게는 더 이상 비루함을 박차고 나아갈 용기가 없었다. 뒷산을 힘차게 오르던 에너지는 1947년 고국에 돌아오면서 고갈되었다. 한때 사냥개라는 별명으로 불렸던 그 젊은이는 사라진 지 오래였다.

그는 자신을 이렇게 만든 포로감시원 생활이 억울하기도 했고, 그를 따뜻하게 받아 주지 못한 고국이 야속하기도 했다. 하지만 포로감시원 모집 특성상 채용 공고에 응시해 합격했기 때문에 강제 동원된 위안부나 징용자와 달리 겉으로는 자발적 참전자로 보이기도 했고, 전범 용의자 딱지가 붙여진 탓에 세상에 드러내 놓고 항변하기도 어려웠다. 그는 그저 한때는 손바닥만큼이나 좁아 보이던 고향에서 생업에 만족하며 근근이 살아갔다.

하지만 별 욕심 없이 살던 그에게도 한 가지 소원이 있었다. 본인이 포로감시원으로 근무했고, 동시에 수용소에 갇혀 옥살이를 했던 싱가포르에 다시 가 보는 것이었다. 그러나 이런저런 이유로 기회는 번번이 무산되었고, 세월은 속절없이 흘러만 갔다.

미완성의 일기

외할아버지의 친필 원고는 수용소 생활을 끝으로 더 이상 진행되지 않았다. 미완성인 채로 끝나 버린 셈이다. 미완성의 이유에 대해, 그로서는 끔찍했던 수용소 생활을 계속 떠올리며 한 자 한 자 적어 나가는 것이 매우 고통스러웠기 때문일 거라 지레짐작해 본다. 혹은 생업 때문에 글을 마무리하는 것이 버거웠는지도 모르겠다.

그의 행적을 좇던 걸음을 멈추고 이제는 가만히 그의 내면을 되새겨 본다. 다시 하나의 가정을 해 본다. 그가 포로감시원으로 참전하지 않았더라면 어땠을까? 청년 시절 별명이었던 사냥개처럼 동에 번쩍 서에 번쩍 하면서 자신만의 삶을 개척하지는 않았을까?

잃어버린 시간. 그는 자신이 경험했어야 할 시간을 잃어버린 것이다. 그는 당시 상황 때문에 어쩔 수 없이 본래 맞이했어야 할 청춘의 시간을 빼앗겼다.

사실 유독 그만이 청춘의 시간을 잃어버린 것은 아니다. 전쟁에 참여한 모든 젊은이들이 고귀한 시간을 잃어버렸다.

"이 세상에 좋은 전쟁이란 없다."

벤저민 프랭클린의 말이다. 그렇다. 한 치의 틀림도 없는 자명한 진리다. 잔인한 전쟁의 시기에는 어느 누구도 찬란하게 빛나는 청춘의 시간을 누리지 못했다. 그를 비롯해 일본의 침략 전쟁에 동원된 모든 젊은이들이 비극의 희생자였다. 일본군과 포로감시원들의 냉엄한 감시와 혹독한 대우를 받아야 했던 연합군 측 포로들 역시 마찬가지다.

일본군은 조선인 군속에게 포로를 인도적으로 대우해야 한다는 제네바 협정을 가르친 적이 없었다. 그렇기에 조선인 포로감시원들은 인권의 의미에 대해 잘 몰랐을 것이다. 서로 언어가 통하지 않는 데다 음습한 밀림과 작열하는 태양 아래 적도의 이질적인 환경에서, 문명인이라 자부하던 서양인과 미개인으로 취급받았던 동양인 간의 미묘한 우월 관계도 나타났을 것이다. 끝없이 스트레스를 유발하는 전쟁이라는 특수 상황 속에, 가혹 행위를 했던 포로감시원과 불합리한 가혹 행위를 견뎌 내야 했던 포로들, 그 청춘들이 그렇게 같은 공간에 있었다.

소수 위정자들의 결정으로 수행된 전쟁은 수많은 무명의 개인에게 큰 고통과 피해를 주었다. 무엇보다 전쟁의 최전선에 서야 했던 젊은이들이 희생양이 되었다. 지금이라면 서로 자유롭게 어울리며 친구가 되어 교류했을 전 세계 청년들이 서로에게 총부리를 겨누어야 했다. 전쟁은 이들에게 승리를 위해서는 상대방의 인권과 존엄을 거리낌 없이 짓밟아도 된다고 가르쳤고, 순수함과 열정이 가득했던 그들의 내면을 황폐하게 했다. 나의 외할아버지 역시 이 서글픈 비극의 역사에 강제로 내던져진 젊은이 중 하나였다.

독일의 철학자 하이데거의 말처럼, 스스로 결정하지 않았는데도 비참한 시간 속에 강제로 던져진 이가 바로 그였다. 세상에 피투(被投)되어 온몸과 내면이 만신창이가 된 채 고국에 돌아온 그. 그가 젊은 시절 꾸었던 꿈은 산산조각 나 버렸다.

차를 몰고 판교 테크노밸리의 사무실로 출근하면서 창문 너머 바깥 풍경을 바라본다. 공상 과학 영화에서나 볼 법한, 미래를 미리 건너온 듯한 신도시 인프라와 커튼월 공법의 빌딩들이 차창을 가득 메운다. 빌딩과 빌딩 사이에 무수하고 복잡다단한 정보들이 유무선 통신으로 드나들고 있을 것이다. 세상은 80년 전에 정말 그런 끔찍한 일이 있었냐는 듯, 지나간 시간을 완전히 부정하며 격변했다. 많은 젊은이가 마땅히 경험했어야 할 시간들을 제물로 바친 대가일까? 한국은 이제 풍요롭고 평화로우며 자유로운 나라가 되었다. 우리나라는 생전에 그가 몹시 부러워하던 다른 나라들과 비교해도 큰 차이가 없는, 어쩌면 더 앞선 선진국으로 우뚝 솟았다.

나의 젊은 시절을 돌아본다. 스무 살 청춘의 외할아버지가 꾸었던 꿈은 좌절되었지만, 똑같이 이십 대였던 손자는 전공과 꿈을 살려 지금까지 열심히 일하고 있다. 다른 젊은이들도 마찬가지일 것이다. 이들에게는 하고 싶은 일을 꿈꿀 수 있는 안정된 현재와, 기회가 펼쳐질 희망찬 미래가 있다.

스무 살의 청춘, 꿈 많고 패기 넘치던 청년 최영우. 이 젊은이의 꿈을 좌절시킨 그 난폭한 시대를 부질없이 원망해 본다. 그 시기는 이 땅에서 다시는 재현되지 말아야 할 어둠의 시간이었다. 나의 외할아버지는 빛이 보이지 않는 역사의 깊은 터널을 힘겹게 통과한 젊은이 중 하나였다.

하지만 나는 그를 함부로 말할 수 없다. 그의 마음을 무 자르듯 단정지어 헤아리고 서글퍼할 필요도 없다. 철학자 김진영 선생의 말처럼, 슬픔이란 단어는 이럴 때 쓰는 것이 아니다. 그는 그 나름대로 온 힘을 다해 자신의 시대를 통과했고 주어진 결과를 얻었을 뿐이다. 엄혹한 세상이 제시한 선택지는 적었고, 그는 그 선택지 안에서 자신의 삶을 살아내기 위해 최선을 다한 것이다.

그가 정말 소심한 사람이건 나약한 사람이건 그것은 나에게 전혀 중요하지 않다. 그가 어떠한 사람일지라도, 나는 그를 지지하고 응원할 수밖에 없다.

그는 나의 영원한 할아버지다.

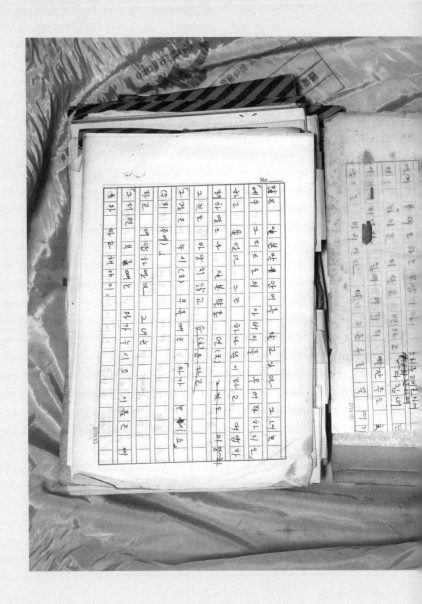

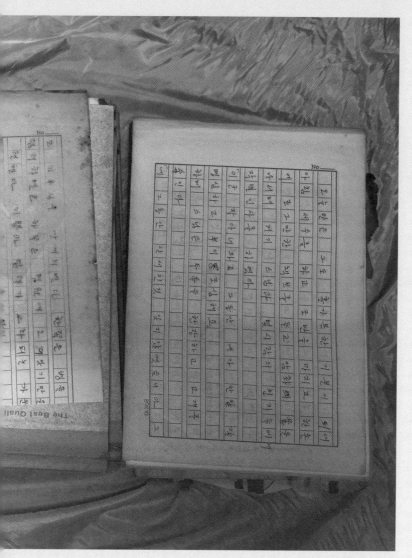

외할아버지의 육필 원고 묶음

포로감시원의 전범 재판에 관하여

태평양 전쟁 당시, 조선 반도에는 가족 가운데 젊은 청년 한 명 정도는 일본군으로 징집되거나 이들을 보조하는 노동에 징용되어야 한다는 반강제적인 분위기가 존재했다. 4남 3녀 집안에서 차남으로 태어난 외할아버지 역시 형제들 대신 총대를 멨다.

　포로감시원 채용에 합격한 이들은 1942년 6월부터 두 달간 부산 노구치 부대에서 훈련을 받고, 8월에 부산항을 출발하여 태국, 싱가포르, 인도네시아 등 동남아시아 각 지역으로 분산 배치되었다. 2년 만기 근무 계약직으로 50엔 정도의 봉급을 받는 일본군 소속 공무원, 이른바 '군속' 신분이었지만 사실상 일본군 이등병보다도 못한, 최말단 처우를 받았다.

　그러나 1년도 못 되어 전세가 역전되면서 포로감시원들의 처지는 위태로워진다. 동남아 각지의 포로수용소들이 없어지거나 강제 통합되기도 했다. 연합군 포로들은 비행장이나 다리를 건설하고 도로망을 구축하는 등 다양한 강제 노역에 동원되었다. 포로감시원들은 이들을 직접 감시, 감독하는 역할을 맡았다. 이 과정에서 고된 노동, 부실한 급식, 열대 지역의 풍토병 등으로 대규모 사상자가 발생했다. 이런 상황은 이후 조선인 출신 포로감시원들이 전범이 되는 중요한 구실로 작용한다.

일본의 패색이 차츰 짙어지면서 당초 2년 근무 계약은 지켜지지 않았다. 포로감시원들을 귀국시킬 기미도 보이지 않았고, 약속했던 봉급도 제때 나오지 않았다. 수시로 진행되는 미군 전투기 폭격으로 방공호에 숨어 목숨을 부지하기에 급급한 나날이 이어졌다. 결국 1945년 8월 15일, 일본은 무조건 항복을 선언했고, 항복 선언문은 연합국의 대일본 항복 권고문이자 전후 처리 방침인 포츠담 선언이라는 형태로 교묘하게 위장되어 천황의 목소리로 공표되었다. 군속들이 일본의 패전을 알게 된 것은 이틀 후 일본어로 쓰인 현지의 《자바신문》을 통해서였다. 군속들은 곧 해방된 조국으로 돌아갈 것이라 믿고 들떴다.

그러나 헛된 희망이었다. 전쟁 중 미 군부는 동남아시아에서 일본군이 연합군 포로들을 가혹하게 처우해 많은 사망자가 발생했다는 정보를 다수 입수했고 종전 후 일본군에게 반드시 이에 대한 책임을 물어야 한다고 판단했다. 이러한 판단은 전범에 대한 엄격한 재판과 처리를 요구하는 포츠담 선언 10항에 반영되었고, 종전 후 포로감시원들은 전범 혐의에 대한 핵심 용의자로 조사를 받아야 했다. 포로 측 증언에 따라 용의자가 된 이들은 현재 싱가포르 국제 공항이 위치한 창이 지역 형무소로 이송되어, 수개월 동안 전범 재판소 관할 아래서 재판을 받았다. 그 결과, 조선인 포로감시원 148명이 BC급 전범으로 유죄 판결을 받았고, 이 중 23명이 사형 선고를 받고 형장의 이슬이 되었다.

간신히 살아남은 이들의 운명은 엇갈렸다. 그토록 그리던 조국으로 돌아왔지만 막 독립한 신생 국가 대한민국은 이들을 환영할 여유가 없었다. 오랜 시간 감옥에서 형을 살고 생활 능력을 상실한 이들은 극심한 생활고로 자살하기도 했다. 고국으로 돌아가지 않고 일본에 남은 사람들도 있었다. 그들은 일본 국적이 인정되지 않아 경계인으로 살아갈 수밖에 없었다.

국내에서 포로감시원 문제가 본격적으로 알려지기 시작한 것은 2000년대부터다. 그전까지는 포로감시원과 BC급 전범에 관한 국내 연구, 정부 차원의 진상 조사는 다소 미흡한 편이었다. 강제 징용자나 위안부와 달리 그동안 한국에서 그들의 문제가 수면 위로 떠오르지 못했던 이유는 '채용'에 지원한 '자발적 참전자'가 많았기 때문이다. 징집이나 징용으로 극심한 육체적 고통을 겪은 이들과 달리 군속은 월급을 받으며 포로를 감시하는 군무원 신분이었기 때문에, 당사자들이 양심상 피해 사례를 노출하는 것을 주저하는 경우도 있었을 것이다. 또한, 연합군 전범 재판소 측에 기소되어 전쟁 범죄자라는 낙인이 찍힌 것도 개개인에게 너무나도 가혹하고 감당하기 힘든 일이었다.

1945년, 해방 직후 한국은 좌우 갈등으로 혼란스러웠고, 일제강점기 피해자에 대한 문제가 논의되기는커녕 몇 년 후에는 한국 전쟁을 치르기에 급급했다. 게다가 1965년 한국과 일본 사이에 맺어진 한일 협정으로 인해 피해 보상에 관한 청구권이 포괄적으로 해결되면서 복잡한 문제들이 일순간에 덮여버렸다. 결국 일제강점기 피해자 관련 진상 조사가 이루어진 것은 2000년대나 되어서였고, 포로감시원 문제의 경우 '대일항쟁기강제동원피해조사및국외강제동원희생자등지원위원회'라는 이름으로 정부 차원의 조사가 시작되었다. 2010년, 「조선인 BC급 전범에 대한 진상조사」라는 관련 보고서가 나오면서 87명이 피해 판정을 받아 보상이 이루어졌다.

포로감시원과 전범 문제에 대해서는 되레 일본에서 상당히 많은 연구가 진행되어 있었다. 일본의 양심학자라 불리는 우쓰미 아이코(内海愛子) 교수는 조선 출신 포로감시원과 전범 처리 문제를 연구한 대표적인 학자다. 다수의 저서와 논문을 통해 조선인 포로감시원들이 징발된 과정, 포로수용소에서 벌어진 사건들, 해방 후 전쟁 범죄자로 기소된 후의 상황을 상세히 밝혔다. 그의 연구는 국내에도『조선인 BC급 전범, 해방되지 못한 영혼』,『적도에 묻히다』등의 책으로 번역되어 있다.

포로감시원으로 참전하여 외할아버지와 같은 경험을 한 재일 교포 이학래 선생님이 벌인 피해자 보상을 위한 법제 활동도 포로감시원에 대한 진상을 알리는 데 큰 역할을 했다. 그는 전범으로 징역을 산 후 한국으로 돌아오지 않고 일본에 남았는데, 피해 사례를 외부에 알리고 시민 단체와 협력하여 일본 정부와의 접촉을 끈질기게 시도했다. 이학래 선생님의 활동은 본인의 회고록『전범이 된 조선청년』에 잘 묘사되어 있다.

포로감시원으로 참전했던 부친의 회고 기록과 다양한 자료를 외부에 공개한 충청대 안용근 교수님의 노력도 당시의 상황을 구체적으로 재구성하는 데 중요한 역할을 했다.

하지만 조선인 포로감시원과 전범 처리 문제에는 아직도 규명해야 할 것들이 많다. 일본군, 포로감시원, 연합군 포로 간의 피해와 가해 역학 관계가 아직 명확하게 규명되지 않았으며, 이들 간의 공식적인 화해와 용서의 과정 역시 미래 세대가 해결해야 할 숙제로 남아 있다.

참고 자료

단행본
- 우쓰미 아이코, 『조선인 BC급 전범, 해방되지 못한 영혼』, 이호경 옮김, 동아시아, 2007
- 무라이 요시노리, 우쓰미 아이코, 『적도에 묻히다』, 김종익 옮김, 역사비평사, 2012
- 이학래, 『전범이 된 조선청년』, 민족문제연구소, 2017
- 문창재, 『나는 전범이 아니다』, 일진사, 2005
- 사단법인 현도복지회, 『낙산유고』, 양서각, 2014
- 신봉승, 『신봉승 TV 시나리오 선집: 적도에 지다』, 시인사, 1984
- 김용필, 『전범』, 자연과인문, 2021
- 鴨遺書編纂会, 『世紀の遺書』, 講談社, 1984
- 内海愛子, 『キムはなぜ裁かれたのか 朝鮮人BC級戦犯の軌迹』, 朝日新聞出版, 2008
- 内海愛子, 『戦後責任 アジアのまなざしに応えて』, 岩波書店, 2014
- Yuma Totani, *The Tokyo War Crimes Trial*, Harvard University Press, 2009
- David Cohen, Yuma Totani, *The Tokyo War Crimes Tribunal*, Cambridge University Press, 2018
- Mei Ju-Ao, *The Tokyo Trial and War Crimes in Asia*, Palgrave MacMillan, 2018

논문
- 공준환, 「해방된 전범, 붙잡힌 식민지: 전후 미국의 전범재판과 조선에서의 전범문제 논의」, 『사회와 역사』 112권0호, 한국사회사학회, 2016.
- 강정숙, 「제2차 세계대전기 인도네시아 팔렘방으로 동원된 조선인의 귀환과정에 관한 연구」, 『한국독립운동사연구』 제41집, 독립기념관 한국독립운동사연구소, 2012.
- 김용희, 「B·C급 전범재판과 조선인」, 『법학연구』 제27집, 한국법학회, 2007.
- 김도형, 「해방 전후 자바지역 한국인의 동향과 귀환활동」, 『한국근현대사연구』 제24집, 한국근현대사학회, 2003.
- 로스티뉴, 「한국인 군속의 인도네시아에서의 독립운동」, 인하대학교 석사논문, 2009.
- 반병률, 「해제: 제2차세계대전 당시 죽음의 철도 한인포로감시원의 운명」, 『한국근현대사연구』 제30집, 한국근현대사학회, 2004.
- 심재욱, 「전시체제기 조선인 해군군속의 일본 지역 동원 현황: 일본해군 조선인군속 관련 자료(2009)의 데이터 분석을 중심으로」, 『한국민족운동사연구』 제81집, 한국민족운동사학회, 2014.
- 심재욱, 「'태평양전쟁'기 일본 特設海軍設營隊의 조선인 군속 동원: 제15특설해군설영대의 사례를 중심으로」, 『한국민족운동사연구』 제106집, 한국민족운동사학회, 2021.

- 심재욱, 「'태평양전쟁'기 일본 화물선 침몰과 조선인 舊海軍 군속의 사망피해」, 『한국민족운동사연구』 제85집, 한국민족운동사학회, 2015.
- 유병선, 「일본 군정기 자바 조선인 군속의 항일비밀결사와 암바라와 사건」, 고려대학교 석사논문, 2011.
- 유병선, 「일제말기 인도네시아 한인군속의 항일투쟁」, 『한국독립운동사연구』 제44집, 독립기념관 한국독립운동사연구소, 2012.
- 이동주, 「태평양전쟁기 조선인 해군 군속의 운영과 처리」, 『동북아역사논총』 제54호, 동북아역사재단, 2016.
- 이용호, 「제네바법(the law of Geneva)의 발전과 현대적 과제」, 『국제법학회논총』 제123호, 대한국제법학회, 2011.
- 정혜경, 「일제 말기 '남양군도'의 조선인 노동자」, 『한국민족운동사연구』 제44집, 한국민족운동사학회, 2005.
- 정혜경, 「일제 말기 조선인 군노무자의 실태 및 귀환」, 『한국독립운동사연구』 제20집, 독립기념관 한국독립운동사연구소, 2003.
- 조건, 「일제 강점 말기 조선주둔일본군의 조선인 포로감시원 동원과 연합군 포로수용소 운영」, 『한국근현대사연구』 제67집, 한국근현대사학회, 2013.
- 조건, 「제2차 세계대전 말기 일본의 조선인 포로감시원 강제동원」, 『한일민족문제연구』 21권, 한일민족문제학회, 2011.
- 채영국, 「해방 후 BC급 戰犯이 된 한국인 포로감시원」, 『한국근현대사연구』 제29집, 한국근현대사학회, 2004.
- 쿠누기 에나, 이영학, 「일본의 한국인 BC급 전범관련 자료 현황에 관한 연구」, 『기록학연구』 제54호, 한국기록학회, 2017.
- 표영수, 「일제강점기 조선인 지원병제도 연구」, 숭실대학교 박사논문, 2008.
- 金田敏昌, 「厚生省統計が伝える台湾・朝鮮人BC級戦犯者数「321名」に関する検証—法務省資料を用いて」, 『アジア太平洋研究センター年』 第16號, 2018.

신문 《매일신보》

영화
- 〈나는 조개가 되고 싶다〉(2008)
- 〈브레이브〉(1986)
- 〈언브로큰〉(2014)
- 〈콰이강의 다리〉(1957)
- 〈태양의 제국〉(1987)
- 〈파라다이스 로드〉(1997)

드라마

- 〈더 퍼시픽〉(2010)
- 〈도쿄재판〉(2017)
- 〈여명의 눈동자〉(1992)

다큐멘터리

- 〈나의 독립영웅〉(2019)
- 〈적도로 간 조선청년들〉(2015)
- 〈적도에 묻힌 이름, 고려독립청년당〉(2013)
- 〈인도네시아의 빛 양칠성〉(2002)
- 〈해방되지 못한 영혼-조선인 BC급전범〉(2013)
- 〈전쟁과 일본〉(2014)
- 〈천황을 살려라-도쿄전범재판의 흑막〉(2002)
- 〈인도네시아 독립영웅 조선인 양칠성〉(2018)
- 〈태평양전쟁의 원혼들〉(1989)
- 〈신비한TV 서프라이즈: 숨은 영웅〉(2018)

기타 자료

- 국사편찬위원회, 전범으로 복역 중인 자바의 한국인들, 한국 정부에 구출을 요망하는 진정서 발송(1949)
- 대일항쟁기강제동원피해조사및국외강제동원희생자등지원위원회, 「조선인 BC급 전범에 대한 진상조사: 포로감시원 동원과 전범 처벌 실태를 중심으로」(2016)
- 민족문제연구소, 서울역사박물관, 한국동진회, 동진회, 동진회를 응원하는 모임, 〈제3회 동아시아 평화를 위한 한일공동기획 특별전: 전범이 된 조선청년들, 한국인 포로감시원들의 기록〉(2013)
- 일제강점하강제동원피해진상규명위원회, 강제동원군속수기집 남방기행(2008)
- 일제강제동원피해자지원재단, 「2020년도 국제학술대회 자료집」, 조선인 포로감시원 실태 재조명(2020)
- 内海愛子, 「講演会記録集：キムはなぜ裁かれたのか: 韓国・朝鮮人BC級戦犯問題が問いかけるもの」(2009)
- 内海愛子, 「東京外国語大学海外事情研究所講演記録集: 東アジア 歴史とその和解を考える」(2020)
- 土野瑞穂, 「書評: 戦後責任──アジアのまなざしに応えて」(2014)

도판 출처

12쪽 nl.go.kr (국립중앙도서관)
13쪽 ⓒ한국동진회
14쪽 wikiwand.com
15쪽 sumatrarailway.com
16쪽 openarch.nl
17쪽 ⓒPinerineks / Wikimedia Commons
18쪽 malangcity.com
20쪽 europeana.eu
21쪽 dirkdeklein.net, iinet.net.au
22쪽 pekanbarudeathrailway.com
23쪽 (하) thecathay.com.sg
24쪽 ⓒTropenmuseum / Wikimedia Commons
25쪽 trumanlibraryinstitute.org
26쪽 충청대 안용근 교수 소장 자료
28쪽 roots.gov.sg
29쪽 ⓒBNA Photographic / Alamy Stock Photo
31쪽 nationaalarchief.nl
51쪽 krpurwodadi.brin.go.id
72쪽 ⓒTropenmuseum / Wikimedia Commons
88쪽 history.navy.mil
93쪽 historycollection.com
113쪽 sumatrarailway.com
142쪽 ⓒTropenmuseum / Wikimedia Commons
158쪽 niod.nl
198쪽 singaporewarcrimestrials.com

• 도판은 저자가 소유한 사진과 Wikimedia Commons에서 검색한 이미지, 인터넷 검색
  이미지 등으로 구성되었다.
• 저자가 촬영, 소장한 사진과 퍼블릭 도메인 이미지는 따로 출처를 표기하지 않았다.

1923년생 조선인 최영우

남방의 포로감시원, 5년의 기록

1판 1쇄 발행 | 2022년 3월 10일
1판 2쇄 발행 | 2022년 8월 30일

지은이 최양현 · 최영우

펴낸이 송영만
디자인 자문 최웅림

펴낸곳 효형출판
출판등록 1994년 9월 16일 제406-2003-031호
주소 10881 경기도 파주시 회동길 125-11(파주출판도시)
전자우편 editor@hyohyung.co.kr
홈페이지 www.hyohyung.co.kr
전화 031 955 7600

ⓒ최양현 · 최영우, 2022
ISBN 978-89-5872-190-1 03910

이 책에 실린 글과 사진은 효형출판의 허락 없이 옮겨 쓸 수 없습니다.

값 14,000원